だいわ文庫

原稿用紙10枚を書く力

増補新装版

齋藤 孝

大和書房

増補新装版へのまえがき――今日的な「書く力」とは

生成型ＡＩが、「書く」ことの状況を大きく変えている――。

二〇二二年一一月にOpenAI社のChatGPTが登場してすぐ、私も有料アカウントを作成して、それ以降、さまざまな使い方を試してきた。

文章作成においてなら、たとえば「芥川龍之介の『羅生門』の続きを書いてほしい」と頼んでみる。はじめは「作者へのリスペクトがあるので、それはできません」という反応だが、「国語力養成のためなので、ぜひお願いします」といった理由を書けば、実にさまざまなパターンが提案される。物足りない回答しか得られなかったときは、「もっとおもしろく」「もっとドラマティックに」といったリクエストも可能だ。

作中では行方知れずのままで終わる下人《げにん》の「その後」を、ChatGPTは何パターンも、実に豊かな視点で創作してくれた。

もっとシンプルな依頼、たとえば役所に提出するような書類作成、あるいはキャンプやバーベキューの案内文といった文章であれば、入れてほしい情報と依頼の趣旨を入力することで、いとも簡単に仕上がってくる。

ChatGPTは質問に対しても迅速に回答する。たとえば、「大谷翔平のような選手を育成するには、どのようなシステムが必要か」という問いかけをすれば、環境の整え方、といったところから答えが返ってくる。

使いこんでみると、文章作成においても、質問においても、よりよいアウトプットを引き出すためのポイントがあることがわかってくる。最低限必要なのは、質問が整理されていることだ。

またChatGPTは、依頼の際に少し言葉を変えてみることで、得られる答えも変わる、という柔軟性も持ち合わせている。**丁寧なお願い文に対しては丁寧に、ぞんざいな言**

葉遣いに対してはそれ相応に合わせてくる、鏡のような性質だ。

そもそも、ChatGPTのようなＡＩにそうしたことがなぜできるのかといえば、これまでに人間が力を振り絞って積み重ねてきた知的財産のデータを、膨大な分量読み込んでいるからだ。英語圏で開発されたものだから、これまでは英語で質問したほうが正確で細かいデータが集まってきやすいと言われていた。もちろん現在は日本語でも精度が高くなってきているし、これからどんどん進化する。

この指数関数的な成長スピードは止まることはないだろう。

これが、二〇二三年現在の状況である。本書『原稿用紙10枚を書く力』を上梓した二〇〇四年から大きく変わった状況下で、**「自分で書く」ことにどんな意味があるのか、私たちは改めて突き付けられている。**

その気になれば誰でも、労力をあまりかけずに高度な文章を完成させることができる。そんな急激な変化が生んだ問題として、大学では今、学生が提出したレポートに対して、「本人が書いたものか生成系ＡＩで作成したものかをどうやって判定するのか」が、大真面目に議論されている。そこでは「判定は、生成系ＡＩにさせたらどうか」という、冗談のようで現実的な提案までされているのだ。

書くように話すための「構成力」

なぜ、本格的なＡＩ時代に突入した今においても、私たちは書く力を身につける必要があるのか。本書で提唱している三つのキーコンセプトに基づき説明したい。

まずは構成力だ。

私は、本書のテーマである四百字詰め原稿用紙十枚、つまり四千文字程度の文章を書く機会に多く恵まれてきた。たとえば、東大法学部在学中に受けた試験の多くは、延々と罫線だけが印刷された冊子が配付され、筆記していくものだった。

問題文は「日本の外交・貿易政策について述べよ」というふうに短文であり、そこで求められたのは、**まっさらな紙の上で、積み上げた知識を再構築していく力**だ。

自分はいったいどんな材料で戦えるのか、そこで実力をどれだけ発揮できるのか。

そしてそもそも、書く力がないと、どうにも手がつけられない。緊張感にさらされ、試練をくぐり抜けることで、得られる能力がある。その経験のおかげで、私には文章の構築力が身についてきた。

これは人と話すとき、とりわけプレゼンテーションなどをするときに、筋道立った話ができるようになる力だ。**たとえレジュメがなくても、構成力があれば三十分なり一時間といったまとまった時間に、起承転結のある話をすることができる。**

たとえば「この話のポイントは三つです」として、各十五分で起承転結のある話をして、始まりと終わりにする話を入れ込んで合計ざっと一時間。意味を込めながらよどみなく全体を構成できるとすれば、これは相当な力があるということになる。

加えて、普段、本を読んでいるというのも重要なことだ。文章の読解力がつくうえに、話すときに、喋り言葉ではなく、文字に書かれた文章のように、わかりやすく話していくことができる。

私が身につけた構成力には、実はそのかなり前からの伏線もある。本書でも触れるので手短に書くと、私は小学生の頃から絵日記を書くという訓練をしてきた。文章を書いていると、それが「次の文章を連れてきてくれる」ことが重なって、結果として長文が書けるようになるのだという感覚を、私はそのときに得ることができた。

この訓練によって、子どもの頃にすでに、文章を書くことが怖くない、すなわち自分の頭からきちんとした文章を、どんどん生み出す自信を身につけたと思う。

文章については、書けば書くほど楽になる、ということも実感している。たとえば私は、一千字程度の依頼原稿なら、スマートフォンの「メモ帳」に書く。仕事と仕事の間の移動時間などを使って執筆し、そのままメール添付で納品してしまう。

文章を書くというのは、数多の知的活動の中で最も難しい部類に入る。だから「知の人」を意味する私たちホモ・サピエンスにとって、**文章における構成力への自信は、知的活動全体に対して自信が持てることをも意味する。**

また構成力を身につければ、不安を減らすこともできる。周囲がどうあれ、自分の意見をきちんと整理し、提示することができるからだ。

何かトラブルに巻き込まれたとき、そのときに一体何が起きて、自分はどう対応したか、それに対して相手はどんな行動を取ったか、といった経緯を丁寧に説明すれば、周囲の理解を得られることが多い。その力がなく説明が稚拙なら、誤解を招いたままになる危険もあるのだ。この力は、社会的に自分の身を守ることにもなる。

「そんなことはＡＩがやってくれる」と思うかもしれない。しかし先述のように、そもそも生成系ＡＩは、こちらのレベルに合わせてくる鏡のような一面もある。ＡＩに頼むということにおいても、より満足のいく回答を得るためには、内容をわかりやすく構成して伝える能力は必要なのだ。

世の中が求めているのは、頭の「粘り力」

理由の二つ目は、頭の「粘り力」、すなわち**簡単に投げ出さないタフさ**が身につく、ということだ。

これは身体に置き換えて考えるとわかりやすい。たとえば、地球に帰還した宇宙飛行士のリハビリテーションは大変だという。重力が微少、あるいは無重力の状態で長く過ごせば過ごすほど筋力が弱り、重力のある地球では直立も難しい状態になってしまう。つまり地球の重力によって私たちは、意識せずに毎日筋力を鍛えているのだ。

書くということは、大変な知的タフネスを要求する作業でもある。AIが進化したから書く力という筋力はもう必要ない、とトレーニングを止めることは、知的活動で最も重要な「考え続ける」という作業を放棄することを意味する。

ここで重要なのは、**知的にタフであるということは、心の安定にもつながっている**ということだ。いわば「頭の整理が心の整理」。考えるという頭の整理、心の整理の過程で、私たちは「一体これは、自分にコントロールできるのか、できないのか」と抱えている問題を整理する。そしてやがて「あれこれ考えてみたが、自分ができないことを考えても仕方ない。今できることはこれなのだ」と悟る。その境地に至ることで、心が安定するのだ。

これは、学生の相談を受けていても実感することだ。頻繁に就職活動等の相談を受ける中で、「課題を整理してみよう」と紙に書きながら整理することで、やるべき課題がはっきりする、相談者の学生自身も、心がすっきりする。

心の時代と言われて久しい中、私はやはり、考え続けて整理する知的タフネスというものが自分の助けとなり、ストレスの軽減にも役立つことを実感している。

頭の「粘り力」は、物事に対処する力にもつながる。

たとえば、大学時代の友人でもある弁護士にいろいろな相談をする際、彼は話を聞きながら、パソコンに内容を入力していく。そして私が説明を終えたときには、相談内容をまとめた文書ができあがっている。聞いた話をその場で構成し、登場人物の状況や意見を順序立てて記述する。これは非常に高い能力だ。

『東大合格生のノートはかならず美しい』（太田あや著・文藝春秋）という本がヒットしたが、私自身も在学中に、まるで参考書のような仕上がりになっている友人のノートを目にして驚愕した。そこでは講義内容が一層整理され、さらには構造化されていた。

そうしたノートを作ることができる能力そのものが知力だが、加えて、それを作り続けることができる頭の「粘り力」、それが現在ますます必要とされていると感じる。

なぜ必要なのか。その理由は、今、人は非常に飽きやすくなっているからだ。

たとえば、長い文章を読むことよりYouTubeを視聴するほうが楽だ、というところを超えて、YouTubeの動画は長すぎるからTikTok程度のショート動画でないと耐えられない、という人も増えている。味わうことよりも、外部からの刺激そのものに依存し始め、さらにそれらが次から次へと流れていかないと気持ちが落ち着かない、という状態にまでなっている。このまま進んだらどうなるのか、不安がよぎる。

そうした時代において、一つのテーマについて数ヵ月ずっと考え、しかもパソコンの前に連日座って作業する卒業論文の制作といった作業は、貴重な修業の機会となる。私が所属する学部では卒論を必修としているが、そのための作業が人間の知力を成長させていくという確信があるからこそ、課題として今も残っている。

卒論を完成させることができたとき、一つのテーマについて書ききったという達成感とともに、自分はこれだけの粘りを獲得したという自信が獲得できる。

本文でも詳しく触れていくが、**原稿用紙十枚の分量、四千字が書ければ、百枚の分量、四万字にも到達できる。**小さなブロックを作って、順序を入れ替えるなど最終的に構成し直すことは、パソコン上では簡単だ。

ちなみに私が大学院生の頃までは手書きだったため、その作業は不可能で、最初から書くしかないわけだし、前後関係を入れ替えるとしたら、書き直しとなる。そうした状況下のほうが、より一層鍛えられるのは言うまでもない。

だから私は、紫式部を心から尊敬する。『源氏物語』を読むと、こんなふうに知的で、粘り抜く力のある人間が存在したことに感嘆する。

同作は五十四帖からなる。一つひとつが独立した物語になりつつ、全体としてつながっている、連続ドラマの構成そのものだ。この大きな流れというものがありつつ、毎回事件が起きて完結していく。だから、一気に読み切った満足感があるのと同時に、さらに次の話へと展開していくのが待ち遠しい。そして文章は人間業とは思えない精度で書かれており、当時が墨と筆の時代だったことをつい忘れてしまいそうになる。

かつて庶民の交通手段は「徒歩」で、江戸時代においても、歩いてお伊勢参りに出かけるというように、現代から見れば歩く距離が尋常ではなかった。現在とは、身体の鍛え方が違ったのだ。

時代が変わって世の中が複雑化したことで、現代においては身体を鍛えるよりも**「知的な足腰の鍛え方」**のほうに強い需要がある。

それにもかかわらず、「筋トレ」がブームだ。結果がわかりやすく達成感が味わえるということで、気分の落ち込みなどに悩む人がトレーニングに励んでいるということも聞いている。

私自身も運動は好きで、実践している。だからジムで大胸筋を鍛えることもおすすめするが、健康維持を超えて過度に筋トレにはまってしまう前に、原稿用紙十枚＝四千字目指して書く、文章トレーニングも提案したい。

文章トレーニングは筋トレに似ている。苦労の末に四千字を書けるようになったときには、筋力のパンプアップのような達成感が得られるはずだ。

書く人だけが手にする「自己形成」

文章を書く力を身につけるメリットの三つ目は、自己形成が促されるということだ。
ではどんなときに自分を作り成長させていくことができるのかといえば、それは**経験**をしたときだ。

自分がした体験を文章にするという作業で、それが認識し直されて意味がきちんと確定されることで、経験となる。体験がパチ、パチ……とピンで留められて、定着していくイメージだ。そして経験として確定すると、何年後に見ても「これがいい経験になったのだ」と振り返ることができる。それが文章の良さだ。

私には『くんずほぐれつ』（文藝春秋）という著書がある。これは、同名の同人誌に書いた文章を、一冊にまとめたものだ。同誌は東京大学大学院教育研究科時代の数人の仲間で作ったもので、創刊号の頃、私はまだ明治大学には就職しておらず、すべての身分が切れている頃だった。

その後、明治大学に勤め出し、教職課程の教師志望の学生たちに授業で配付しては読んでもらっていた。当時の私には不必要なまでの過剰なエネルギーがあった。それが学生たちに感応したのか、彼らもまた熱気に満ちていった。書いては読んでもらって反応を聞き、また次のエッセイを書いた。

書く、とは自分と向き合うことだ。自分の心と向き合い身体を使って、自分の中のモヤモヤしたものを外に出す行為だ。Expression（表現）のExが「外へ」という意味を持つように、自分を内側から外に対して表現する。だから、仕上がったものを読んで「自分はこういうことを考えていたのか」と知ることすらある。

「書く」に対する反応はさまざまだ。単なる感想ですら「書くことがない」と言う人、箇条書きにする人、あるいはとりとめなく長く書く人、と多様だ。

はじめは、書くということができればいい。長い感想が書ける場合、それだけで、自分と向き合う練習ができていることを意味する。

そこからさらに外に出していくこと、教育でも今、それが大切だとされている。ちなみに二〇二〇年度からの新しい学習指導要領の三つの柱は「知識及び技能」「思考力・判断力・表現力など」「学びに向かう力、人間性など」で、**「思考力・判断力・表現力など」は「書く力」と直結する。**

インターネットで簡単に情報が拡散されてしまう今、情報を発信するべきか否かという社会的な判断力を含めて、それらすべてが自分を表現していくということになる。映画を鑑賞してその感想をTwitterでつぶやく、その行為一つにも、どうやって書くかということに自分というものが関わってくる。

英語では文体のことをスタイル（style）という。**文章を見るとそのスタイルから、その人の生き方のスタイルが見えてくる。**

私はかつて『生き方のスタイルを磨く』（NHKブックス）という本を上梓した。私の考えるスタイル理論は難解なものではなく、数学で習う写像・関数のようなものをイメージしている。その人の中に何か入ると、その人なりに変形されて出てきてしまう、その一貫した変形の仕方がスタイル（関数）である。

音楽でいうと、たとえば桑田佳祐《くわたけいすけ》が歌うと「桑田変換」が起こって、どんな歌でも桑田スタイルになる。その人らしいいくつかの癖が技となり、三つくらいが組み合わさったときに、それがその人のスタイルになる。

それは文章にもある。たとえばニーチェの同じ作品でも、『ツァラトゥストラはこう言った』（岩波文庫）、『ツァラトストラかく語りき』（新潮文庫）、『ツァラトゥストラ』（中公文庫プレミアム）というように、翻訳者もタイトルも異なる場合がある。

興味深いのは、好みの問題は置いておいて、読んでみるとどれもそれぞれニーチェらしいということだ。人の手を経てドイツ語から日本語に翻訳したとしても、ニーチェのスタイルが言語を飛び越えて出てしまう。そして同じドイツ語でも、ハイデガーの著作の翻訳は、やはりハイデガーらしいスタイルが出て、ニーチェの文体とはまた異なる。

ほかの例でいえば、ドストエフスキーの登場人物たちが長々と喋っていくあの感じ、少ししつこさを感じるくらいのあのスタイルも、誰が訳しても、いかにもドストエフスキーらしい。その作家ならではの文体のスタイルだ。

書くということによる自己形成とは、いろいろな体験をし、それを経験にして自分自身と向き合い、スタイルを構築していくことだ。

こんな本がある。『あふれでたのは やさしさだった』（寮美千子著・西日本出版社）は、童話や小説の作家である著者が、奈良少年刑務所の受刑者に詩を書いてもらう教室の講師を、足掛け十年行った記録だ。

受講生の一人が、固く閉ざしていた心の扉を開くと、連鎖反応のように、次から次に心の扉が開かれる。すると、みんなが心の奥にしまっていたつらい体験や、悲しい出来事を堰《せき》を切ったように語りだす。それをきっかけに、とめどなく「やさしさ」があふれてくる。仲間を慰《なぐさ》める言葉、自分も同じだったと共感する言葉が、教室にあふれかえるのだ。

（中略）

友からやさしい言葉を浴びた少年たちは、わたしの目の前で変わっていった。まるで蛹《さなぎ》から蝶《ちょう》になるように一瞬にして変わる様子を、何度目にしたことだろう。まったく無表情だった少年が微笑《ほほえ》み、はげしいチック症状がピタッと止まり、吃音《きつおん》が消え、ならず者のような子が自ら姿勢を正し、ひどく引っこみ思案の子が手を挙げ発言するようになった。魔法だった。奇跡だと思った。偶然だろう、と最初は思った。「なにかの加減で、たまたまうまくいっただけだ。いや、メンバーがよかったのだ」と自分に言い聞かせた。こんなミラクル、そうそう起こるものではない、と。

しかし、回を重ね、メンバーが変わっても、やっぱり同じことが繰り返し起きるのだ。まるで理科実験室で行なう化学反応のように。

『あふれでたのはやさしさだった』

少年院などで指導している人からも「書くということによって、自分を捉え直すことができる」と聞いた。「書くことによって自分自身を捉え直し、反省すべきことは反省できるようになってくる」と。

文章を書く、という行為は自分と向き合い、自分を形成し自分を強くしてくれる。そして**文体というものが形成されてくる過程は、自己形成のプロセスそのものだ。**

たとえば自分のことを「私」と書くか「俺」と書くかで、どういう角度で世の中や他の人と関わっていくのか、その関わり方自体が既に求められてしまう。

である調か、です・ます調か、あるいは、自分は人を笑わせようとしているのか、賢いと思ってほしいのか、釈明や謝罪がしたいのか。そうしたことまでをはっきりと表明する。それが、自分自身を変え、成長させていく機会になる。

知をひらき情を養う底力をつける

ところで、毎日は本当に同じように過ぎていくものだろうか。「毎日書く」ことを始めると、日々が変わってくる。

毎日書くとなると、「昨日と違うことって何だろう」と、生活の中で書く材料を探すようになる。もし本当に何もないのなら、一日の終わりに一本映画を観てみようかなという気になったりもする。本を十ページ読む、気になっていたあの場所に行ってみる、でもいい。書くからには、自分の生活を、実があるおもしろいものにしようとする意欲が出てくる。

それは、注文したランチをスマートフォンで撮影する、ということとは違う。写真の場合、そこから意味というものを取り出す必要はあまりない。それに対して**文章にしようと思うと、自分がそこに行ったときの体験の意味を取り出さなければならない。**

それはすなわち現象学（自分にとって今何が見えているのかを、丁寧に記述しようとする学問）的な作業になるわけだ。

一般的、客観的なことではなく、それを見て自分はどう感じたのかを丁寧に記述していく、絵画的なやり方だ。世界の捉え方は人によって違う。自分なりの世界を捕まえる作業、それが現代人にとって必要だ。

生成系ＡＩがどんどん活用される世の中において、やはり自分で書くという作業には非常に意味がある。

述べてきたように、文章を書くことは①「構成力」をつけ、②頭の「粘り力」を育み、③「自己形成」していく作業だ。書くということで心が晴れ晴れとしてくるのは、**知力の足腰が鍛えられ、心が整理されて、精神が安定してくる**からにほかならない。

私自身はそうした感覚を持っているし、だから文章を書く訓練をありがたいと思う。これは、さまざまなスポーツやトレーニングをしてきた人は、理解していることだ。

ただ、知力がこんなにも求められる時代に、知力を形成する機会がむしろ減っているのは皮肉なことだ。

一九七九年に出版され、ベストセラーとなった『ジャパン・アズ・ナンバーワン』（エズラ・ヴォーゲル著・TBSブリタニカ）という本がある。新聞にしろ、雑誌にしろ、単行本にしろ、当時の日本人は平均すればアメリカ人より多くの本を読み、定期刊行物の数も数えきれないほど多く、また日本における本の出版点数はアメリカとほぼ同じであるといったことが書かれている。

今の日本人の読書量は当時ほどではない。戦後の日本の急成長の理由を分析した同書から、今の日本と日本人が失ったもの、かつての勤勉な日本人像を振り返ってみてもいいだろう。

一人ひとりの読書量と書く力、これが組み合わさったときに日本社会全体の底力が向上していくだろう。

知的タフネスというものがさらに必要とされる現代、自分の身を救うためにも、ぜひ「原稿用紙10枚を書く力」をトレーニングしてほしい。

齋藤　孝

原稿用紙10枚を書く力

まえがき

いま、文章を書くことが苦手だという人たちが多い。ことに若い年代に多くなっている。

書く力は、読書力と深い関係がある。書く力がない人は、たいてい読む力もない。日常生活で、何も困らないのなら、それでいいのかもしれない。

しかし、学生なら当然、論文やレポートなどを書かなければいけない機会も多い。社会に出て会社に入れば、報告書から企画書にいたるまでさまざまな形で書く力が要求される。書く力がないと、困った場に直面することになるだろう。

それなのに、日頃《ひごろ》の書く訓練があまりにも不足しているのではないだろうか。

本書では、だれもが四百字詰め原稿用紙十枚程度の文章を書く力を身につけられる方法を、できるだけ実用的に示していく。書く力は、訓練次第でだれでも確実に身につけることができるのだ。

そして、もっとも大事なことは、**「書く力」を身につけることで、読書力がつくだけではなく、これからの社会でもっとも必要とされる「考える力」をつけることができる**ということだ。

いまの若い人たちがいかに「書く力」＝「考える力」がないかは、日頃から学生たちと接触している私には、嫌でも目につくことである。

学生に、あるテーマを設定して、「二十分以内にその場でまとめてみなさい」といった課題を出すことがある。二十分たっても、わずか三～四行しか書けない学生たちが少なからずいる。書けないとなると、ほとんど何も書けない。

好意的に解釈すれば、書きたいことが頭の中にたくさん渦巻いていて、何から書きはじめていいかわからない、そのうちに時間がきてしまったとも考えられる。

しかし、実際には、そんなことはない。書きたいことが頭の中に渦巻いているというよりも、書くことが思い浮かばないうちに時間がきてしまうのである。

なぜ書けないのかといえば、文章を書く訓練が決定的に不足しているからなのだ。それは、考える訓練を重ねてきていないということでもある。

本書では第1章で「書く力とは何か」を述べ、第2章で「文章を構築する」ための具体的方法を紹介する。第3章では次のステップとして、「文体を身につける」方法を提示する。

「書く力」をつけることは、考える訓練になる。本書では、そのために役立つヒントを提供していきたい。

齋藤　孝

原稿用紙10枚を書く力〔目次〕

第1章　書くことは考える力を鍛える

第2章 「書く力」とは構築力である

1 「引用力」をつける

第3章 「文体」を身につける

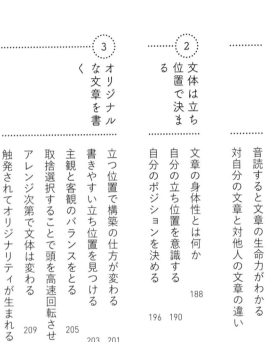

プロローグ　書くことはスポーツだ

なぜ十枚書く力が大切か

話すことが歩くことだとすれば、書くことは走ることに似ている。いきなりでも長い距離を歩くことができるように、特別な訓練をしなくても、長い時間話すことはできる。

しかし、長い距離を走るとなると、絶対にトレーニングが必要になる。慣れていない人がいきなり十キロを走るのは、まず無理だ。それなりのトレーニングをして徐々に距離を延ばしていかないと、長い距離は走れない。書くこともそれと同じなのだ。

私の感覚では四百字詰め原稿用紙一枚が一キロにあたる。

十キロをいきなり走れと言われたら、ほとんどの人が尻込《しりご》みするだろうし、まず走れない。しかし、トレーニングをこなせば、十キロ程度ならだれでも走れるようになる。

この十キロ走るという経験と、走れたという自信がもっとも大切なのだ。

私は、書くことにおいては、原稿用紙十枚という長さを書けるかどうかが分岐点と思っている。そして**原稿用紙十枚を怖がらない人を「文章が書ける人」と定義している。**

原稿用紙三〜五枚の文章はトレーニングをしなくても書くことができるが、十枚となると、書く前にメモやレジュメをつくり、文章の全体像を構築しなくてはならない。この技術はトレーニングをしなくては身につかない。逆にこの技術さえ身につければ、さらに長い文章を書くことも可能になる。

五キロ走れるようになると、次は七キロ、十キロと、距離を延ばしていける。そうすると、距離を延ばしていくこと自体がおもしろくて仕方なくなるものだ。同じように**書く力がついてくると、書く量をふやすことがおもしろくなる。**この循環に入った人は、書いたことのない人とは格段の差が出てくる。やがて百枚の論文を書けるようになると、もはや三十枚の論文は、「あぁ、短いな」と思える。

十キロ走ることがどういうものかわかって走る場合と、そうでない場合とでは、精神の疲労が全然違う。十キロ走ったことがない人は、「いったい、いつ

ONE POINT

ほんの1行でもいいから、何か頭に浮かぶことを書いてみよう。書き続けていくうちに、10枚を書く筆力が身についてきます。

ゴールがくるんだ」という不安と戦い続けなければならない。そのぶん、精神の消耗が激しくなる。

しかし、十キロ走ったことのある人間なら、もう一度十キロ走るときには、ストレスが半分以下になる。いま、自分がどの地点を走っているのかがわかるので精神的な疲労が少ない。トレーニングも苦にならなくなるから、十キロ走れた人間はさらに長い距離を走れるようになるのだ。

たとえば、一冊の本は原稿用紙三百枚ぐらいでできている。三百枚の文章を書くとなると、一日十枚書いて三十日必要になる。十キロ走破を三十日続けるような感じだ。しかし、マラソンの選手みたいに一日三十キロ走れると十日ですむ。

十枚書ける人は、長い文章を書く基礎的な力をつかみ、本を書ける可能性を手に入れたことになる。

この本の目的は、原稿用紙十枚の文章をとにかく書けるようにすることだ。どのように取り組めば、原稿用紙十枚を書くことが怖くなくなるのか、実際に十枚書ききれるのか、その考え方・技法・トレーニング方法をくわしく紹介していきたい。

「量から質」が文章上達の近道

書くトレーニングで大切なことは、量のノルマを守ることである。

文章の質というのは、読書体験や人生経験、才能などを含めたその人の総合力にかかってくる。急には上げられないし、急には変えられない。質を上げてから量に向かうのではなく、**量をこなすことで質を上げる**と考えよう。

本書では、とにかく量をこなす方法を推奨する。原稿用紙十枚を書くトレーニングを積んでいけば、文章の質は必ず向上する。量をこなしたほうが文章の質は早く上がっていく。

量をこなしていくと、「こんな多い枚数を書けるだろうか」といった精神的ストレスから解放されて、無駄なエネルギーを使わずに書けるようになる。すると、内容に集中できる。

文章を書き慣れると、日本語という材料にもくわしくなり、およそ文章というのはこのようになる、という感覚がつかめてくる。野球で言えば、ピッ

ONE POINT
はじめのうちは、質を気にせずにとにかく量をこなすのがコツです。量をこなしていけば、そのうち質も向上していきます。

チャーがストレートを投げられるようになると、次はカーブだとか、ボールの回転はどうだとか、コースはどうだとか、細かいことに気持ちを配れるようになる、ということだ。つまり、文章の質を向上させることに全力を集中できるようになるのだ。

まだボールがキャッチャーまで届かない人は、とりあえず、どんな投げ方でもいいから届かせることが先決だ。それには自分のいちばん得意な投げ方で投げればいい。

日本人メジャーリーガーの先鞭《せんべん》をつけた野茂英雄《のもひでお》投手のトルネード投法は、彼が子どもの頃《ころ》、速い球を投げるために工夫した投げ方からきている。イチローは、体が小さくてもボールを強く、遠くへ飛ばしたいと思って、体全体を使う振り子打法をつくり上げた。その打法はいまも十分にメジャーで通用している。

とにかく目的を達成しよう。その目的は量だ。だから**一日の書くノルマを決めて、その枚数をこなす**ということを一定期間やってみる。すると、原稿用紙十枚どころか百枚単位のものが書けるようになる。

ただ原稿用紙百枚を書いても、結果的につまらないものしか書けなかった、ということがあるかもしれない。そのときは、その事実を受け入れ、もう一度チャレンジすればいい。それでも百枚書けば、**自分の実力を客観視することができ、自分に何が足りないかが見えてくる。**だから、改善の方向も見える。努力はムダにならないし、進歩の可能性が残るのだ。

あらゆる手段を使って十枚書こう

量をこなす方法は、「何でもありだ」と言いたい。

実は、私は大学院時代に一年間まったく字を書かなかった時期がある。論文を二百枚ぐらい書こうと思って、そのためにはまず地力をつけようと本を読みまくったり、考えを深めるために瞑想《めいそう》に耽《ふけ》ったりしたのである。

いってみれば、マラソンを走りきるための体力づくりや体づくりに一生懸命になってしまって、日々筋肉トレーニングばかりしていたようなものだ。実際に走る、すなわち書くという行為をまったくしなかったので、結局一年間を棒に振ってしまった。いま考えると、これは二百枚という量を必要以上に恐れた結果だと思う。

ONE POINT

文章の出来・不出来は、あまり考えなくていい。大事なのは書きはじめること。しかも、できるだけ多く書いてみることです。

私のやっている小学生を対象とした「斎藤メソッド」という私塾でも、原稿用紙を目の前にすると頭の中の動きが止まってしまう子どもが相当多い。真っ白な原稿用紙を見たとたんに、頭が真っ白になってしまう。一マス一マス埋めていくだけで気が遠くなって、四百字なんてとうてい埋めることができないと思ってしまう。

大学生でも、はじめて「原稿用紙十枚のレポートを書け」と言われると、「先生、無理です」と言う人がいる。文章を書かなくてはいけないと思うと、それだけでうんざりしてしまう大人も多いだろう。結局みんな、走る前に走ることが怖いと思ってしまうのだ。

だからこそ、**自分がいちばんたくさん書けそうなテーマで練習をして、量的な不安をなくすことが大事になる。**

たとえば、「斎藤メソッド」ではアニメの「ムーミン」を十五分ぐらい見て、それについて書くというトレーニングをしている。

見終わったところで、アニメの中の人間関係を図にする。これでだれが何をしたかということを一応構造的にとらえることができるようになる。

つぎに、二人一組になって、あらすじを隣の人に説明してみる。聞いたほうは交替して、またあらすじをしゃべる。それを三セット、各人が三人に向かってあらすじを言う。ここで書くべきことがらをはっきり把握《はあく》できるようになる。そのうえでテーマを与える。たとえば、「贈り物」というようなキーワードだ。これを与えると、単なるあらすじを追うだけの文章ではなくなる。

二十分という時間制限を設けて書かせると、小学生でも原稿用紙で二～三枚は書ける。なかには「もうちょっと時間を延ばしてほしい」と言って、五枚以上書いてしまう子も出てくる。五枚以上書くと、小学生なりに大きな自信がつく。**小学生なのに五キロも走れたという自信が、次の書くエネルギーにつながっていく。**

自分が書きやすい内容、たとえばコンプレックス、自分の中の劣等感を見つめて書くということで枚数が書けるなら、それでもいい。逆に優越感を見つめ、舞い上がって書けば枚数が書けるのであれば、舞い上がって書けばいい。

自分の内面ではなく、何かの蘊蓄《うんちく》を語ることで枚数が進むのであれば、それ

ONE POINT

「書くこと」を見つけるつもりで生活する、本を読む、映画を鑑賞する。すると「書く材料」はいたるところで見つかります。

もありだ。ただ、蘊蓄は並列的に書いていっても、原稿用紙十枚となると限界が出てくる。だらだらとした感じがして、自然と一貫性のあるテーマがほしくなる。そうしたら、今度は蘊蓄を配列し直してみる。それによって全体を構築していくという技術が学べる。

書く推進力になる引用

「引用」は量を書くときには非常に役立つ。何かを引用して、それについてコメントするという尺取り虫《しゃくとりむし》方式で、私もよく安心感を持って書けた。

また、書こうと思うことをテープにゆっくりと吹き込んで、それを聞きながら自分でパソコンに打ち込むということもやった。私には一文一文を考えこみ過ぎるクセがあったのだが、カセットテープに向かって吹き込むと後戻りができないので、先に行くしかない。そうしていると、文章に一応の流れができ、それを原稿に起こしてみると非常に進んでいるのだ。たとえば、一日で五枚ぐらい書くのが限界だったものが、十枚、十五枚書けるようになった。

映画について書くのもよいトレーニングだ。細かな方法については後述するが、映画は莫大《ばくだい》なエネルギーとお金を投下し、多くの才能を結集してつくられている。脚本にしても、役者の表情にしても、セットや背景、美術などにしても、どれもしっかりしているので、何かに注目して書いていくだけで量も進むし、いい内容になる。

映画批評を書くトレーニングでは、角度のある鋭い批評も大事だが、**十枚という課題をクリアするために「何でもあり」でやってみよう。**たとえば、「あの俳優の、あの衣装はないいんじゃないの」といった突っ込みを入れて進めるのもいい。

映画をノベライズ（小説化）するのもいい。ノベライズは、結局はあらすじを書くこととなのだが、たとえば、気に入ったセリフについて正確に書き留めておいて、カギ括弧《かっこ》で引用する。カギ括弧の引用は行数が非常に進むので、これを多用すると枚数が気分よくふえる。

ONE POINT

本や映画の「おもしろい」「この部分に共感した」ところをメモする。そのストックが増えれば、知識も語彙も頭の中で定着しやすくなります。

「3の法則」は文章構築のカギ

短い文章や原稿用紙二〜三枚のエッセイなら、文章を構築する必要はない。すっと書いて、さっと終わってもいい。心の感じるまま流れるように書けばいいから、直感で書くのがいちばん……と言う人もいるだろう。

でも、それはあくまで短い文章のときだ。十枚以上書くときに、直感で流れるままに、心の赴《おもむ》くままに書くと、途中でへたるのが普通の人間だ。

十枚以上の長い文章を書くには、メモやレジュメをつくり、文章を構築する必要がある。**構築力が文章を書く力の中心になるのだ。**

この本では、文章を構築するための「3の法則」というものに、くどいほどこだわっている。「3の法則」は後で詳述するが、なぜそれほど「3」にこだわるかというと、三脚のように三つのポイントがあれば、長い文章をきちんとした形で構築できるからだ。

書くポイントが四つ、五つとなると、自分でその関係を把握しにくくなってしまう。

三つのポイントで書くことが十枚を突破するための重要な技法になることを覚えておいてほしい。

起承転結の「転」から文章は考える

文章の構築方法として「起承転結」ということがよく言われるが、それに縛《しば》られてしまうと書けなくなる。「起」から考えて、次に「承」に行って、「転」というふうに構築しようとすると、頭が硬直して書けなくなる。

「起承転結」とは、四つが均等のものではなく、実は「転」があるかないかにすべてがかかっている。**考える順番でいえば、「転」が最初。**つまり、「転起承結」なのだ。

「転」を思いついたら、あとは「起・承」を無理にでもくっつける。「結」は最後、とりあえず無理やり考えて大丈夫。「転」を命《いのち》にして、「転」を思いついたら書く。

文章を書こうとして「転」を思いついたなら、実は「起・承」もできている

ONE POINT

文章の書き方には「型」がある。起（はじまり）から書かずに、転（ところが）から考えると、すらすら書けるようになります。

ものなのだ。「転」というからには、「ところがこうなんですよ」と、言いたいことがあるわけだ。「ところが」と言うからには、何かが変わっている。その「何か」が前提、つまり「起・承」の部分である。

「転」が落とし穴だとすれば、それを上手にごまかすのが「起・承」で、「結」というのは、落とした相手を笑うところだと考えればいい。

構築がうまくできるようになると、文章の幅が広がる。

たとえば「転」が城の本丸とすると、「起・承」は外堀。最初に中心部の本丸のことをさっと触れておいて、外堀からはじめ、途中でちょっと脇道《わきみち》にわざと逸《そ》れておいて、また本道に戻る。そして、最後には本丸まで全部がつながった……といった形の文章がいちばん美しく構築されているといえる。ここまで構築力を磨ければ、たいしたものだ。

途中、うまく脇道に逸れるのも技術であり、それをするためには、高い構築力を持って、文章をうまくつなげていかなければならない。

構築に慣れてくると、最後のオチを絶妙に思いつくということも、やがてできるようになる。これは料理の基本ができている人が、料理をつくっているうちにいろいろなアレンジを思いつくのと同じである。

「起承転結」で読むトレーニング

さらに「起承転結」は、読む技術を上げる非常に有効な方法だ。私は『こくごであそぼ』（文藝春秋）という本で、**「起承転結」で文章を全部要約する**方法を提示した。

『イソップ物語』でも「結」の部分（最後）に、「だから○○はしてはいけません」という文章が必ずつく。しかし、それがおもしろいわけではない。『イソップ物語』では、「太陽のほうが旅人のマントを脱がせました」といった「転」にエネルギーをついやしているし、そこにおもしろさがある。

これはおもしろいなと思う文章は短くても長くても、やはり「起承転結」がある。それを読み手が区切って読むというトレーニングだ。この場合、**どこが「転」なのか、という一点を見きわめられるかどうかが、ポイントになる。**

ONE POINT

「起承転結」を見つけながら本を読むことが、そのまま文章構築の練習にもなります。

「転」を見きわめられれば、「この『転』」になるには前提が必要だから、そのためにここのあたりを書いたんだな」という書き手の思考回路が見えてくる。つまり、作家の手法が見えてくるのだ。芥川龍之介《あくたがわりゅうのすけ》の手法も、太宰治《だざいおさむ》の手法も見えてくる。みんな、こうやってつくっていたのかというものが、一瞬にして見えるようになる。

そうなると、今度は自分が書くときに何を「転」にすればいいのかという勘どころがわかるようになるのだ。

書けるようになると、読書力がアップする

書く力がつくと、確実に読む力もアップする。本を読むときには、**どうやって書いたんだろうと想像しながら読むのが、いちばん理解が進む。**逆に言えば、書く側に立ったことのある人でないと、本当には読むことはできないのだ。

箱根駅伝をただ見ているだけでは、「あの走り方はこうだ」などと解説してみても、十キロ程度を走ったことがなければ、本当には何もわからないのと同じことだ。

わかった気になってものを言うことはできる。たとえば、ハンマー投げを見ていて

も、「あれはね……」などと語れるだろう。しかし、ハンマーを投げたことがある人とない人とでは言えることが違うはずだ。レベルは違っても、投げたことがある人には、その感覚が残っていて、そこから類推してリアリティをとらえることができる。

同じように**書く側に立つと、書き手の思考回路により近づくことができる**ので、読む力が格段につき、読書から得るものが非常に大きくなる。そうすると、それがまた書く力につながっていくという、よい循環が生まれてくる。書く側にいったん立つと、それ以後の読書、あるいは映画を見ることなどすべてが無駄にならなくなる。

アレンジの束がオリジナリティだ

読書感想文は、最近あまり評判がよくないようだ。しかし、これについても後述するが、読書感想文は枚数を稼ぎやすいタイプの文章トレーニングなのだ。映画の場合は、映像という文章ではないものを文章にしなくてはいけないが、

ONE POINT
引用したい文を探す、読書感想文を書くといった前提で読むと、本の中の「おもしろいところ」を意識的に見つけられるようになります。

本はすでに書かれたテキストである。まずは、**自分の気に入った本を素材にして、それを変換してしまう、アレンジしてしまうくらいの気分で書く**と、かなり量が進む。たとえば『源氏物語』というテキストがあって、それをいろいろな人が現代語に訳している。その現代語訳の作業はかなり創作に近い。

人間の書いたものというのは、すべて変換したもの、つまり引用の織物でできていると考えてもいい。そもそも、言葉自体が自分でつくったものではない。素材からして自分オリジナルではないわけだ。**すでに書かれているものを自分なりに変換、アレンジすることで、新たなものができる。**これが書くという行為の「王道」なのだ。

こういった例は名作に多い。「蜘蛛巣城《くものすじょう》」という黒澤明《くろさわあきら》の映画は、シェークスピアの『マクベス』が原作。黒澤明の「七人の侍」は、「荒野の七人」という西部劇に変換されている。また、「ウエスト・サイド・ストーリー」は『ロミオとジュリエット』がベースになっている。

これらは、場面や設定を変えて似たストーリーでやっている。場面を変えるだけで、ほかのディテールもほとんど変わることになる。西部劇で「拙者《せっしゃ》、○○でござる」とは言えないからだ。

原型を大きく変えるタイプの翻案もある。アニメ『HUMAN LOST 人間失格』は、太宰《だざい》治《おさむ》の『人間失格』を大胆にアレンジして、SFダークヒーローものにしている。

広い意味で翻訳もアレンジにあたる。**翻訳することによって、自分の文体をつくっていくこともできる。**アメリカの小説家ポール・オースターは、小説を書く以前に翻訳をたくさんやったことが、自分にとって非常によいトレーニングになったと『空腹の技法』（新潮文庫）という本で書いている。翻訳をたくさん経験したことで、彼は自分の文体というものを見つけ、鍛えることができたという。

翻訳となると語学力が必要だが、映画を文章に、あるいはアニメを文章に、あるいは漫画を文章にというトレーニングなら、やりやすいだろう。

変換やアレンジをするときには、自分のオリジナリティが自然に出てくるものだ。アレンジの束がオリジナリティであると考えれば、やる気も起こるので

ONE POINT

映画や漫画のあらすじを文章でまとめる。作品の言外に表れているものを自分なりに言語化するのも、文章表現の練習になります。

はないだろうか。量を書くためにも、どんどん引用、アレンジしてオリジナリティを鍛えてもらいたい。

書けるようになると次の世界が見えてくる

「書くこと」のプロ、ライターという人について考えてみよう。

たとえば、スポーツライターになるためには何が必要だろうか？　やはりスポーツが好きで、自分でもやっていたり、よく試合を見ている人が向いているのか？　そうではない。ライターとして実力がある人が、スポーツについて書けばスポーツライターとなれる。

極端に言えば、実力ある料理ライターがスポーツを書くトレーニングをしたほうが、スポーツ好きがスポーツライターになるよりも上達が早い。運動神経やスポーツ観戦歴より、**とにかくスポーツについて書いてみることがスポーツライターへの近道となる。**

書く力をつけるには、「書く」という基本作業が重要なのだということを理解しよう。

トレーニングするにあたっては、興味や関心にひきずられて、「自分は小説は好きだけれども論文は好きじゃない」とか、「論理的な文章は好きだけれども、小説はまったく書かないし、読まない」といった好き嫌いを言っている場合ではない。どんなものでもいいから、量をこなすべきだ。

大人が「ムーミン」のあらすじを書いてもかまわない。実際、大人がアニメを見て、それをノベライズするという方法をとると、かなり枚数が進む。それで二十枚、三十枚になってくると、自信がついてきて、「ひとつ、小説でも書いてやろうかな」というような欲さえ出てくる。**欲は、できたという自信と経験から生まれるものだ。**それが何もない人は、欲さえ持てないことになる。

この欲というのは進歩への大きなエネルギーになる。つまり、量を書くことで新たな自分に向かうエネルギーをどんどん湧《わ》き出させることができるのである。

ONE POINT

SNSなどで文章を公開すれば、世界中の人たちに届くことになるかもしれません。誰もが表現のプロになれるということです。

第1章

書くことは考える力を鍛える

1 書く前に考える

「書く」ことは構築することだ

「書く力」をつけるためには、「文章とは構築物である」ということをしっかり認識することが必要だ。

文章を構築するという意識で、発想の段階から実際に書くまでを行えば、だれでもあるレベル以上の文章が書けるようになる。

「キーワードを見つける」「キーワードから三つのキーコンセプト（言いたいこと）**をつくる」「三つのキーコンセプトを結びつけて文章を構築する」**という方法を紹介していく。

この方法は、多くの人が書く機会の多い小論文や企画書、評論などの論理的・客観的な文章を作成するのに非常に有効である。さらにこれを基礎にすれば、小説のような感情的・主観的・芸術的側面が強い文章にも応用できる。

書くというと、作家が原稿用紙に立ち向かうように、いきなり真っ白な原稿用紙を前に一字一字升目《ますめ》を埋めていくことだと思い込んでいる人がいるかもしれない。しかし、それは大きな誤解である。実際はそうではないことを、まず理解してもらいたい。

作家といっても、いろいろなタイプの人がいる。なかには何を書くかをまったく考えずに原稿用紙に向かい、思い浮かんだことを書いているうちに少しずつ形になっていき、最後には一応作品になってしまうという人もいるかもしれない。

しかし、たいていの作家はそうではない。ことにある程度以上の長さの作品で一定レベル以上の作品を書き残している作家は、絶対といっていいほど、そんな書き方はしていない。

まず、頭の中に書くべきことを構築して、きちんと創作メモをつくり、それ

ONE POINT

迷わず書ける事前の準備が必要。書く材料を列挙し、筋道を立てながら並び替える。全体のビジョンが見えていると、断然スムーズに進みます。

に基づいて書いていく。創作メモをつくらない作家もいるが、それは頭の中での構築がよほどしっかりしている場合であろう。書き慣れている人ほど、書きはじめる前に、きちんと作業しているものだ。

プロの作家の多くは、構築作業をしてから書きはじめる。ましてや書くことに慣れていない人がいきなり書きはじめて、ちゃんとしたものが書けるなどと思っているなら大間違いである。

書くことは、無から有を生み出すことではなく、頭の中で構想したものを形にしていくこと、すなわち**構築する**ことなのだ。

構築するためには、当然考えを突き詰めていかなければならない。

書くことをまるでジャズのライブ演奏のように、その場の雰囲気で、そのときの気分や思いつきをとらえて、生《なま》で表現すればいいものができると考えたら、それも大間違いである。

ジャズ奏者は、たしかにその場でオリジナルな曲を演奏することがある。しかし、たいていは演奏家の頭の中では演奏する以前に曲ができあがっている。

あらかじめ曲が頭の中にイメージされていて、それが舞台に立ったときの雰囲気、緊張感の中で形になり、演奏されるのだ。演奏されるスタイルそのままではないにしても、すでに曲はできていて、それがコンサート会場の雰囲気の中で、形として表されるのである。

プロ中のプロの演奏家であってもそうなのだ。**まして、素人《しろうと》があらかじめ曲想もなく舞台に上がって、ライブ演奏しようとするなど、無謀な試みである。**

何も考えずにライブ感覚で文章を書こうというのは、プロ中のプロの演奏家が舞台でいきなり即興でライブ演奏するのを、素人のミュージシャンがその形だけ真似《まね》るようなものである。

書き言葉は時間を超えて残る

書く方法論として、「話すように書けばいい」とよく言われる。いつも言葉を話しているのだから、話すように書けば、苦手意識なく自然に書けるというのが、その狙《ねら》いだろう。

ONE POINT

材料を把握し、作る料理を考え、正しい手順で調理してこそ、美味しい料理ができる。文章にもまったく同じことが言えます。

しかし、本来**「話す」ことと「書く」ことはまったく違う行為である。**その点を誤解している人が多い。

まず「話す」ことは、基本的にプライベートな行為である。それに対して、「書く」という行為は、話すことのようにその場で消えてしまうのではなく、文字として残る。そのことによって、**「書く」ことは公共的《パブリック》な行為になる。**

たとえば、「あいつバカだよね」と言ったとしても、にこやかに笑いながらであれば、話す当人が、バカだと批評している相手のことをけなしているわけではなく、愛情を込め、好意をもって言ったのだと伝わる。

しかし、それを文章で書いてしまったら、どうだろうか。その場の雰囲気やニュアンスがよほどうまく表現されていない限り、「あいつはバカだ」という言葉がそのまま文字として定着してしまう。話し言葉のニュアンスは、書き言葉ではよほどうまく表現しないかぎり伝わらない。それが書き言葉――文字の怖さである。

「書く」ことの基本的な機能は、体験の意味、経験の意味をあきらかにすることである。体験の意味や経験の意味をあきらかにするために、スローモーションでフィルムを回すように、言葉によって体験を定着させるのである。

書き言葉はその定着力に特徴がある。体験は、そのままにして放っておけば、流れ去ってしまう。それを言葉にすることによって、後で読み返せる形にして、そのときの心の状態をつかみとることができる。

話された言葉がその瞬間に消えていくのに対して、**書かれた言葉は定着し、時間を超えて残る。**それが書き言葉の威力である。文字の永遠性を活用して、不安定なものをそのつど確定していき、経験の意味を残すところに、書くことの基本的機能があるのだ。

「話し言葉」と「書き言葉」の違い

もちろん、話すことの強さもある。

偉大な宗教家、たとえばキリスト、孔子《こうし》、釈迦《しゃか》などは、彼ら自身で書いたものを残していない。彼らが自らの思想を文字として残さなかったのはなぜだろうか。

ONE POINT
密度の高い文章が書けるようになるためには、書き言葉の訓練が欠かせない。書き言葉を鍛えることで、話し言葉の密度も上がります。

それは、文字にして定着させた途端《とたん》に、そこから真実が抜け落ちてしまうと考えたからではないか。

彼らは、そのときその場の状況で、人々にライブで語りかけていた。それぞれの状況で意味を持つ言葉の強さというものを知っていたのである。**ある雰囲気で、特定の文脈の中で話された言葉が、もっとも生命力が強く、人に訴えかけられることを熟知していた**のである。

ところが、それは書かれた途端にまったく違う意味を持ってくる。異なった状況の人たち、時代も文化も違う人たちにも読まれることになる。そうなると、その状況の背景説明も必要になってくる。そんな説明をした途端に言葉の力強さは失われてしまう。

宗教家が相手にしていた民衆はその時代、その状況の人たちである。その場の状況によっては、まったく矛盾《むじゅん》した言葉を発することもある。だが、その状況の中では、その言葉自体がもっとも力強く、そのとき話している相手の心に届いたのだ。

彼らの言葉は自ら書いたものではなく、たいていはその弟子たちが書き残している。

宗教家ではないが、たとえば哲学者のソクラテスにしても、彼自身はまったく書いてはいない。弟子のプラトンによって、どういう状況でどのような言動をしたのかが書き記されているだけだ。

書くという行為によって、言葉はその人の身体から切り離され、特定の状況から切り離されてしまう。それだけに、誤解を生みやすい面を持っている。だからこそ、**書くときには公共性の意識が大切になる。**

書かれた文字は、書かれたときの状況も知らない人たちが、後でどう読むかわからないのだ。

そこが「話す」ことと「書く」ことの大きな違いである。

だから、「話すように書く」という方法は、「話すこと」と「書くこと」のそれぞれの特徴を考えず、公共性というものをまったく考慮に入れない危ういものなのだ。両者の違いをはっきりと意識しなければ、書く力はけっして向上しない。

ONE POINT

言葉は書かれた時点でパブリックなものになります。そのため、文章を書くときには話すとき以上に慎重さが求められます。

パソコンで「書く力」をつける

「話し言葉」と「書き言葉」の違いは、その歴史の違いを見れば、はっきりする。**人類の知的水準は、書くという行為、つまり文字が発明されてから飛躍的に伸びた。**

話し言葉は、何万年も前からあるが、文字が書物という形で定着したのはせいぜい数千年程度に過ぎない。文字ができてはじめて、一人の人が考えた内容を大勢の人に伝えることができるようになり、それがまた時を経て次の時代にも受け継がれることになった。その結果、知識の集積が可能になったのである。

書かれた文字の歴史は、新しく発明されたものを活用してきた歴史でもある。印刷機が発明されて、書籍が大量に生みだされるようになると、それまで手書きで筆写していた時代に比べて、文化は飛躍的に広がるようになった。

さらに現代のパソコン時代になって、書くことが質的な変換をした。原稿用紙の升目を一字一字はじめから埋めていく、あるいはレポート用紙の一行目から書いていくという作業では、悩んでとりかかり、とりかかってみたものの、書き損じて、また最初から書き直すという無駄な作業の繰り返しがあった。

しかし、パソコンであれば、とりあえず書きたいことをアトランダムに書きはじめてみて、後で自由に修正したり、配列を入れ換えたりすることがいくらでもできる。

構築力を鍛えるためには、パソコンを使って文章をつくることは非常に適している。時間をロスすることなく文章を打ち込んでいくことができ、それを後で何度でも推敲《すいこう》できるからだ。その意味では、だれでもが書く力を身につけやすい時代になった。

私の場合も、手書きからはじまり、ワープロを使い、さらにパソコンを使うようになって、書く力は飛躍的に伸びた。メモなどはいまでも手書きだが、人に見せる文書を書く場合にはパソコンを使うのが当たり前になっている。

せっかくこのような便利な機械ができているのに、それを書く力を身につけるために使わない手はない。パソコンを積極的に活用して書く力を身につけていこう。

ONE POINT

読書によって語彙力を鍛えることで、「これは文章で使う言葉として適切なのか」という書き言葉に対する基準ができてきます。

書けば書くほどアイディアが生まれる

私の場合、パソコンを使うようになってから、飛躍的に論文が書けるようになった。その理由の一つは、**書く速度が自分の思考の速度に近づいた**からである。言いかえると、手書きよりも、タッチタイピングで打つほうが考える速度に近くなったのだ。

もう一つ大きなことは、文章を削《そ》ぎ落とすことが簡単になったことだ。一つの論文を書くためには、いろいろな材料を仕込まなければならない。しかし、実際には限られた枚数で書かなければならないので、すべての材料をその中に納めるわけにはいかない。はじき出される材料がたくさんある。

最初は、盛りだくさんにしようと張り切っているので、どうしても材料を入れすぎてしまう。しかし、入れすぎると、かえって論文として筋が通らなくなってしまう。料理をするとき、これも入れたい、あれも入れたいと思い、すべての材料を入れると、かえって味が崩れるようなものである。

そうした場合、よけいなものは削ぎ落とさなくてはならない。その作業がパソコンの登場によって、とても簡単になったのである。

しかも、当面の論文作成に使わなかった素材の中から、次の論文の素材になり得るものが必ず一つ二つ見つかる。それらをパソコンの中に保存しておくことができる。次の論文では、それらをもとにして書くことができる。いま書いている論文を終えると、すぐに次の論文にとりかかることができる。

さらに、このときに集めた材料の中から、入れ込めないものが出てくる。そこに次の論文のテーマになるものがある。こうして次々にテーマが出てくることになる。

一つの論文を書くと、次に書くテーマが二つぐらいは見つかる。こうした循環に入れば、書けば書くほど次々にテーマが出てきて、どんどん書けるようになる。

たとえれば、バルザックの『人間喜劇』のようなものだ。最初の小説で脇役《わきやく》として登場した人物が次の小説で主役になる。さらにそこで登場した脇役の人物を主役にした次の物語ができるというように、次々に連関していく。まさに

ONE POINT

頭の中に保留事項、気になること、関心事を持っておくと、アイディアが別のアイディアを生むという連鎖反応が起きやすくなります。

書けば書くほど、書きやすくなる。

ところが、生産性の低い人は一つの論文をなかなか完結させることができず、いつまでもその一つのものにこだわってしまう。それでは次の論文のテーマも出てこなければ、いま、とりかかっている論文も書き終えることもできない。

何かを書こうとしたら、**あらかじめ素材をパソコンに打ち込んでおく。そして、それらの素材をリストにして見渡せるようにしておく。**

しかし、素材集めばかりして事前の準備に時間をかけすぎるのは禁物である。素材集めだけで満足したり、疲れてしまい、書くという本筋の作業にかかれなくなってしまうからだ。素材集めは、あくまでも書くためのきっかけであることを忘れないことである。

2 思考力を鍛える

書くことで脳は鍛えられる

上手に話せる、だから上手に書ける、と思っている人がいる。

しかし、それは温泉旅館に泊まってピンポンをして、それで自分は卓球がうまいような気になるのと同じである。温泉旅館でいくらピンポンをしても、絶対にうまくならない。もちろん、できないよりはできたほうがいいかもしれないが、それだけである。お互い楽しんでやっているのなら、それでいい。しかし、スポーツとして卓球をやるのとはまったく違う。

書くことを、温泉旅館のピンポンのように安易に考え、人はだれでも話せるから書ける、と思っている人がいる。

ONE POINT
自分なりの「問い」を立てると、そこから思考がどんどん広がります。問いが「フック」となって、文章の材料が揃いはじめるのです。

たしかに人並みはずれた異常な体験をした人がそれを話すように書いたら、それはそれでおもしろいものができるだろう。

しかし、それは異常な体験に価値があるのであって、話せばそのままで十分におもしろいものをそのまま文字に置き換えているだけである。

そういう書き方では、異常な体験をしなければ、あるいはよほど人と違ったユニークな視点がなければ、何も書けないことになる。

本書は、だれでもが書くことによって、思考力が鍛えられ、自分なりの視点を持つことができるようになることを目指している。

普通の人が、ふだん話しているように、言葉を並べて書きつらねるだけでは、人が読んでおもしろく、興味を抱くものにはならない。話をしているときには、それほど意味がないことでも、相手は聞いてくれる。話すほうも、それほど考えて話しているわけでもない。だが、書くとなると、そうはいかない。

なぜ、書くことで考える力を高められるのか。それは、**書く作業ではつねに脳をフル回転させる必要があるからだ。**

とはいっても、自分が思ったことをただ書くだけでは、脳が鍛えられることはない。意味のある文章も書けない。

いまの若い人たちは、感じたことをコピーのような短い文章で表現することはうまい。だが、長い文章を書くのは苦手である。

感じたことを気のきいた言葉にするのと、きちんとまとまりのある文章にするのとでは、脳の働かせ方がまったく違うのだ。

気のきいたコピーならば、思いつきでもつくることができる。だが、テーマがあって、論旨のはっきりした文章を書くとなれば、何を書くか、文章をどう組み立てるか、どうすれば自分なりの角度ある見方を表現できるかと考えなくてはならない。

書くためには、そうしたことを順を追って考えていく作業が必要である。そこで脳をフルに働かせなくてはならない。

つまり、思考を緻密《ちみつ》にしていく作業が、書く作業にはともなう。だから、書くことで脳は鍛えられる。

ONE POINT

話し言葉なら曖昧な情報でもある程度は許されます。だが文章となると、そうはいかない。「思考の浅い人」と判断されてしまいます。

ある程度の長さのまとまった文章を書くのは、長い距離を高速で走り切るようなものだ。それだけの体力・知力が必要とされる。走るのも練習を重ね、長い距離をこなすことで鍛えられるように、書くことも、**実際に書くトレーニングを重ねることによって鍛えられる。**

意味の含有率を高めよう

何を書くかとなれば、手紙、論文、報告書、小説など、さまざまなものが考えられる。本書では、手紙、メールなど個人的なものではなく、あくまでも公共的な文章を取り上げる。自分の考えを過不足なく表現して人に理解してもらう、また、客観的な資料として、人に提示して理解してもらうものである。評論や論文、企画書がそれに当たるだろう。

どうすれば書くことが上達するか。

書くことの上達の基本も、スポーツの上達の基本と通じる。スポーツで上達するためには、**いまの自分の状態がどのレベルにあるかを知ることが第一のポイントである。**

自分の状態が刻一刻、変化するのを細かく見分けられるようになると、それだけで上達への道に入っているといえる。

自分のいまの状態を知ることができないまま書いても進歩しない。また、他人に正確に通じるものは書けない。

たとえば酒を飲んでいると、自分ではいいことを話しているつもりでも同じことの繰り返しで、話している内容が少ないどころか、まったくないこともある。しかも、当人はそれに気がついていない。

それでも酔って話すことはできるが、書くとなると難しい。なぜ難しいか。それは、書くことが考えることを際立って要求する作業だからだ。したがって、書く作業は、非常に疲れる。

しかし、**書きはじめて一度ゾーンにはまると集中できる。またそこから抜け出たときには、自分が一皮剝《む》けていると実感することもできる。**

レポートでも、四百字詰め原稿用紙で四～五枚のものなら、思いつきで書けてしまうことがある。しかし、十枚以上のものになると、書きはじめる前に、

ONE POINT

知力の鍛錬は「書く」ことから始まります。自分の力で書ける人は、思考や感情を言葉で豊かに表現できる人とも言えます。

十分に「**構築**」をしないと書ききれなくなる。

思いつきで書いていると、書き進めているうちに推進力が落ちてきて、論理が一貫しなくなり、全体的に雑然とした文章になってしまう。当然でき上がったものはいったい何を言いたいのかわからなくなる。

本書でいう「書く力」とは、ある程度の分量、四百字詰め原稿用紙で十枚以上の長さのものを書くことができる力である。そのためには、ある見通しのもとに構築していく力が必要になる。

ある程度の長さの文章を書くとなると、自分の考えに意味がないと、人に通じる文章にならない。後で読み返してみても、自分自身が虚《むな》しくなってくるとしたら、それはその文章に、人に通じる公共性がないからだ。

話しているときは、自分の話に内容があると思い込み、得々《とくとく》と話している人でも、いざ書いてみると、自分の話している内容がいかに薄っぺらで、意味がないか、気づくはずだ。それが考えるきっかけになる。

書くことにおいては、そこにどの程度「意味」が込められているかという、意味の

含有率が問題になるのだ。たとえ四百字詰め原稿用紙一枚であっても、その一枚にどの程度意味が入っているのかをいつも考える必要がある。

たとえば、夏目漱石《なつめそうせき》の文章を読んでみると、うまい・下手《へた》という以前に、そこにいかに意味が込められているかがわかる。無意味な文章がほとんどないのだ。次の文章は、必ず前の文章とは違う、その文章なりの意味を持つように書かれている。

漱石の『坊っちゃん』の冒頭の文章を読んでほしい。

> 親譲りの無鉄砲で子供の時から損ばかりしている。小学校にいる時分学校の二階から飛び降りて一週間ほど腰を抜かしたことがある。
>
> （夏目漱石『坊っちゃん』）

漱石は、この簡単明瞭《めいりょう》な文章によって、江戸っ子で単純、誠実な主人公の性格をはっきりと描き出している。

ONE POINT

書き上手の第一歩は「意味の含有率」を上げること。話の中に、意味が何パーセントくらい含まれているのかを意識しよう。

書き言葉で話す

「書く」とは、そこで表現される文章にどれほどの意味があるか、意味の含有率をつねに意識しながら、考えていく作業である。

話すことは、その場その場で消え去っていく。だからいま話している内容にどれほどの意味が込められているか、意味の含有率を的確に把握しながら話すことは難しい。きちんと内容のある話ができるようになるためにも、**意味の含有率をはっきりと感じ取る感性**を、書くプロセスでつちかっていく必要がある。

その力がつちかわれると、話しているときにも、文章を書いているようなイメージを持つことができて、意味の含有率の高い話ができるようになる。

私は一時間半程度の講演をすることが多い。講演しているときは、まさにパソコンで言葉を高速で打ち込んでいるようなイメージが頭の中に浮かんでいる。主語と述語が捩《ねじ》れないようにきちんと対応しているか、いま話していることが次の話にどういうふうにつながっていくか、というような、**文章における構成――章立てや節立てを意**

識しながら話している。

頭の中にそうしたイメージがきちんとできるようになると、かえってライブな感覚で寄り道もしやすくなる。構築がしっかりしていれば、少々寄り道をしても、また戻ることは難しくないからだ。

そういう構築がないままに話しはじめると、自分でも話がどこにいくのかわからない。自分でも何を言いたいのかわからないのだから、聴衆は講演者が何を言いたいのか、もっとわからなくなってしまう。それでは聴くほうはすぐに退屈する。講演者が何も見ないで一時間半程度話をし、人に意味があったと思わせることができれば、それはかなり水準が高い話といえる。

私が聴衆に聞いてもらえる話、つまり、きちんと構成されて意味がある話ができるようになったのは、これまで論文を大量に書くというトレーニングを重ねてきたからである。文章を書くように話すことを意識することによって、講演で内容のある話ができるようになった。

文章を書く力がつくことは、内容のある話ができるようになることでもある。

ONE POINT

「意味の含有率」がつかめるようになれば、話をするときにも、意味のないことをやたらと言わないよう気をつけることができます。

なぜなら、それは考える力がつくからだ。

書くときには、どれだけ自分の考えに意味があるのかを確認することがポイントになる。それによって、書くこと自体が考えるためのトレーニングになる。

書く力をつける読書

また、「書く力」「書き言葉で話す力」をつけるためには、「読む」という行為が絶対に必要である。

よい文章を書ける人は例外なく、膨大《ぼうだい》な量の本を読んでいる。ただ、無目的な乱読ではなく、「書く力」をつけるための本の読み方がある。

これからの時代、ものをきちんと考える力がない人は非常に不利になる。たとえば、ビジネスマンの立場も二極分化されることが予想される。考える仕事、すなわち企画してそれを実行する、あるいはプロジェクトをつくって遂行《すいこう》していく能力のある人が正社員として会社の中核となり、それ以外の「代わりのきく職種」はアルバイトや派遣社員で構成されるようになるだろう。

考える力があるかどうかが、その人の人生を大きく左右するようになる。これからは、書く力をつちかって考える力を身につけることがますます重要になるのだ。

考え抜く力をどうつけるか

たとえば、企画書を書くときに問題なのは書式や形式の問題ではない。大切なのは、企画書の中身、企画そのものに意味があるかどうか、それが人にインパクトを与えられるかどうかだ。

企画そのものに意味があれば、たいていの人には伝わる。企画自体に意味がなければ、表現や体裁がどんなに整っていても人には伝わらない。書き方やビジュアル面でのちょっとした工夫、コピーライター的なセンスがよく、気のきいた表現ができるなどというのは枝葉末節《しようまっせつ》なことである。

企画そのものに意味を持たせるには、テーマをしっかりと考え抜く力が必要となる。

ONE POINT

語彙の宝庫である本を読んで、豊かなインプットをすることが大切。語彙が少ないと、「意味の含有率」も低くなってしまいます。

提示の仕方が問題ではなく、企画自体の練られ方が問題なのだ。「練る」とは、頭の中であらゆる状況を設定して、人が疑問を持つようなところはすべてクリアにした上で、シンプルにわかりやすい案にまとめ上げる作業である。

ほかの人がいくら考えても代替案がそう簡単には見つからないところまで追い込んでいく、「考える力」が必要なのだ。

この**思考の粘り強さも「書くこと」で身につけられる。**

3 書くことは価値の創造だ

新しく意味を生み出す行為

文章を書く動機は、人に伝えたい中身があることにある。その中身を正しく伝えるためには、文章を構築する必要がある。

論理的な文章で、かつ生命力があふれている文章がある。それは、中身が個人的な体験だとか、客観的な内容だとかよりも、構築ができている文章であるかどうかで決まる。まず、**読んだ側の「それで何なの？」という問いに答えられるかどうか、つまり主題をきちんと打ち出せているかどうかである。**

私はドストエフスキーの『罪と罰』を何回も繰り返し読んでいる。そのたびに「こんなことも書いてあったのか」と新たな発見がある。それはこの小説が

ONE POINT

良い文章とは、読み手側の感情部分を動かしたり、これまで持っていた考え方を突き動かしたりする。読み手側に変化を促すものです。

無意識に、偶然に書かれたものではなく、作者がすべてを意識的に書いているからだ。**書くという行為に偶然などない。**まるで自動書記になったかのように感じられるほど、無意識にサラサラと文章が浮かんで作品ができてしまうということはない。自分と正面から向き合って、人ははじめて文章を書ける。書くことによって、自分の意識の中を深く通過しているのだ。

だから、ドストエフスキーの作品を読むたび、彼がそこに入れ込んだ意味の膨大さに圧倒され、彼がいかに天才であるかを思い知らされる。

書くという行為は、新しく意味を生み出すことである。意味を生み出すとは、価値を創造することだ。

書くことは意味を創出することだということが、意外に多くの人たちに理解されていない。それは、書くことがプロであるはずの人たちにもいえる。批評家といわれる人たちの中には、作品をけなすことが仕事だと考えているのではないかと思われる人もいる。

彼らの多くは、人の作品について書くときにその作品に意味を見出《みいだ》さない。それどころか、けなして価値を下げるようなことばかりを書く。そんな批評を読んだら、読者はその作品を読む気などなくしてしまう。彼らは作品をけなすことで、「自分はこんなに見る目がある」「自分はこういう考えだ」といった自己主張をしているのだ。

それは「書く」という行為を根本的に間違えてとらえている。

作品を批評するとは、その作品とつながろうとしている読者に新たな出会いを提供することである。そこに批評を書く意味がある。

読者にその作品を読むときのとらえ方、つまり読者側の視野を広げ、きっかけを与え、読者の脳と作者の脳が感応《かんのう》して、そこで火花が散るような出会いの機会を与えるのが、本当の批評であろう。

残念ながら、そういう出会いを創出するような批評が少ない。意味を創《つく》り出すどころか、価値のあるものを低く貶《おとし》める批評が多いのがいまの状況だ。

どんなことにもいえるが、「価値を高める」「価値があるものを見つける」「新たな価値を創出する」ことは、大変なことである。逆に価値を下げたり、価値

ONE POINT
新しい価値観や意味をクリエイトすることが重要。私たちが必要としているのは、発見や新しい認識、気づきが盛り込まれた文章です。

を失わせたりするのは、とても簡単だ。

モーツァルトが出現し、新たな曲をつくり出したことによって、音楽の世界は大きく変わった。それまでこの世界になかった音楽が創出されたわけである。それらの曲を味わい、語り、分析したりすることで、多くの人々にとって、さらに膨大な価値が生まれた。

ところがもし、評論家がモーツァルトの作曲した曲について、「こんなものはつまらない、聴く価値がない」と批評し、その価値観が流布《るふ》したらどうだろう。モーツァルトの価値を低くするだけでなく、多くの人に実際にモーツァルトの曲を聴く機会を失わせ、豊かな世界を味わうチャンスを失わせることになってしまう。

偉大な作品は、その中に膨大な意味が含まれている。一人の人間が一生かかっても吸収できないほどの深い意味が込められているのが、天才的な仕事といえるだろう。

書くことの多くは、多かれ少なかれ、何かを題材にしている。その意味では、評論ということができる。

何かを取り上げて書くときは、そこに新たな価値を発見し、生み出すことに意味が

あるのだ。

価値を下げる文章は書かない

書くときにもっとも注意しなくてはならないのは、**誹謗中傷《ひぼうちゅうしょう》をしないこと**だ。最近はインターネットに書き込む人も多くなっているが、インターネットの中の掲示板などは、誹謗中傷が横行している。

たしかに書く人は、悪口を言うことによってストレス解消になっているのかもしれない。しかし、読む側にとってはけっしていい気分ではない。ストレスをそこら中にまき散らしているようなものだ。

メールのやりとりができるようになり、手軽にブログをつくれるようになって、だれもが簡単に文章を書いて多くの人に読んでもらえるようになった。それは悪いことではない。しかし、それが誹謗中傷の応酬になってしまうと、マイナスの影響のほうが大きくなる。

パソコンで書くときに気軽なのは、紙に書かれたもの、印刷されたものと違

ONE POINT
批評は個人の人間性を攻撃するものでなく、互いの考え方の相違をえぐり出す交流方法です。相手を貶めることが目的ではありません。

い、残るものではなく、画面上ですぐに消せるという感覚があるからだろう。パソコンの普及で書くことが手軽になったいまこそ、インターネット上で誹謗中傷などは絶対にしないというルールを身につけたい。

書くという行為は、そのまま放っておけばエントロピー（無秩序状態）が増大していき、ますます退屈で無意味な世界になる日常の中に、意味という構築物を打ち立てていく作業なのだ。

それなのに誹謗中傷を書いて、日常の無意味さを増大させるのは、書くことの意味をまったくとり違えている。

書くことは、価値を下げるのではなく、価値を見出すための行為であることをぜひ意識してほしい。

「新たな気づき」があるか

書くことでめざさなければいけないのは、主張内容を過不足なく込めることである。

主張内容とは、書く人の「新たな気づき」である。

「新たな気づき」といっても、これまでだれも言わなかったことである必要はない。書き手本人にとって新たな気づきがあれば、それを書けばいい。

ただ、それがだれにも理解されないものでは困る。たとえば同人誌的な、ある集団の中だけでしか通用しないような、独《ひと》りよがりな文章というものがある。内輪だけに通用する文章、自己満足的な文章では、本当の意味で主義主張があるとはいえない。

主義主張がある文章とは、意味がきちんと含まれており、それが第三者にクリアにわかるものだ。また、そうであれば外国語にも訳しやすい。

なぜなら、翻訳して伝わるのは、言葉ではなくて意味だからである。たとえば日本語と英語では、語感や表現の微妙な効果をそのまま翻訳することはほとんど不可能だ。しかし、そこに込められている意味だけは、正しく伝えることができる。

文章にはなっていても意味の込められていない日本語は、外国語に移し替えることはできない。逆にいえば、意味がきちんと込められているかどうかは、

ONE POINT

一つの見方に囚われず、ある問いに対して複数の角度からの視点を持つと、全体像を客観的に把握する精度が増していきます。

翻訳可能かどうかによって判断できる。

インターナショナルであるためには、英語など外国語が話せること以上に、翻訳可能な、意味のあることを考えられる力が求められる。

きちんと考えられ、意味がはっきりしていれば、どんなに高度な内容のものであっても、外国語に訳すことはそれほど難しくはない。

書く行為は、話す行為に比べて、自分がいまやっていることが何かを振り返り、確認しながら進められる。目に見える形でそこに文章が残っていく。それが音声言語にはない、文章というもののよさでもある。

書くことで人とつながる

パソコンやインターネット、携帯電話でのメールのやりとりが普及した結果、プライベートな感覚で文章を書くことが多くなった。

たしかに自分個人に起こった出来事、それについての感想などをブログに書いたり、メールで知り合いに伝える文章は、それほど訓練しなくても書ける。

だが、個人的でない内容の文章を書き、人に伝えるには、きちんと書く訓練をしなければならない。「公共的な感覚」は訓練しなければ身につかない力である。

意識してトレーニングを積み重ねることで、公共的な感覚を持つことができ、どんな場所でも、どんな人とでもきちんとつながることができる。それが書くことで獲得する自由なのだ。

プライベートな領域なのだから、「何でも書いていいのだ」と考えると、「書く」ことにおけるもっとも大切な面を見落とすことになる。

書くきっかけとして、プライベートなメールのやりとりから入るのが悪いとはいわない。ただ、それだけで終わってしまっては、本質的な書く力をつけることはできない。

「書く」とは、書いた人間を個人的にまったく知らない多くの人たちに、内容が正しく伝わるということである。

そういう公共性を意識する感覚を失ってしまうと、書くことがまったくプラ

ONE POINT

自分の思考の範囲内だけで文章を完結させず、「他者だったら、この内容をどう思うだろうか」と想像してみることが大切です。

イベートな行為になり、場合によっては単なる自己満足や、個人的感情の垂れ流しになりかねない。

大事なのは、書くときにプライベートなモードとパブリック（公共）なモードを自由に往復できる力を持てるようにトレーニングすることだ。それが書く幅を拡《ひろ》げることにもなる。

公共的な文書の最たるものは、官僚の報告書などだ。そこには「私は」という主体は入り込まない。書き手の視点がどこにあるのかわからない。公的な文書は主体を排除する形で、客観的な事実だけを示す必要がある。

こうした客観のみの文章も書ける。一方では、主観のある文章も書ける。両方が書けることで、主観と客観を往復し、それを織り交ぜた文章が書けるようになる。

主観と客観を往復する力を身につけるには、自分の意識の中で主観と客観を往復する必要がある。

たとえば、**書くアイディアを出すときには、自分を掘り起こし、自分の中の経験知や暗黙知《あんもくち》（言語化されずに蓄積された知）の中から絞り出す。**

この時点では、当然、主観が色濃く出てくる。それらを整理してグループ分けしていき、全体の構想をまとめていく中で客観的な思考を働かせる。この段階で論理にぶれがないようにしっかりと構築していく。

アイディア（ネタ）出しまでは主観が大きく働いているが、その後の作業では客観が主体にならないと、文章を構築していくことができない。

そして実際に文章化していく作業になる。文章化するときに、客観性を強く打ち出せば、官僚的な報告書のような文章になる。報告書のように客観性が要求されるような文書であれば、それで構わない。いや、そのほうがむしろ望ましいことになる。

しかし、レポートなどでは、それでは個性も出てこないし、おもしろみもない。そこでうまく主観を織り交ぜて、客観と主観を往復するような文章を書ければ、書き手の息づかいが感じられるような文章ができる。

つまり、きちんとした論理が通っていながら、語り手の主観が伝わる文章が、バランスのとれた、いい文章ということになる。

ONE POINT

「相手に伝えたい」という強い思いは、その強さの分だけ文章にも宿るものです。

第2章

「書く力」とは構築力である

1 「引用力」をつける

書くための読書術

いきなり文章を書きはじめる前に、書くことを前提にした読書が必要だ。読みっぱなしではなく、**書く材料として使うつもりで読む**のである。別に論文やレポートのためでなくても、企画書に使う、人との話題にしようというようなことでもいい。具体的に使う前提で読むと、読み方は効率的になる。

読書は情報のインプットであるが、単に知識を得るだけではなく、**アウトプットを意識すると、より上質な読書ができる。**書くことを意識して読むと、インプットの作業、すなわち読書が格段に活性化する。

ただひたすら興味のある本を読んで、そこで得た知識や情報を後で活用するのは、効率の悪い方法である。

もちろん、十代の頃であれば、自分の興味に任せて乱読するのは知識のストックをふやし、思考の基礎的な力をつけるためにはいい。青春期の読書は後で必ず肥やしになる。

しかし、二十代、少なくとも社会人になったら、そういう読書だけでは非効率的である。仕事に追われ、読書できる時間自体少なくなる。何にどう活用するかという明確な目的意識を持って読書することにより、効率的に読書でき、さらに情報活用のセンスが磨かれていく。

書く力と読む力は、当然リンクする。**本をまったく読まずにおもしろい文章を書く人は、まずいない。**

実際に書く力がある人は、膨大な量の本を読んでいる。ここで誤解してはいけないのは、膨大な量の文章を読んでいるからといって、それがそのまま書く力に結びつくわけではないということだ。

ただ漠然と自分の興味に任せていろいろな本を読んでおいて、後から、それ

ONE POINT

読書によって、より細やかなニュアンスが伝わる言葉を自分のものにし、その場の状況に合った「言い換え力」を持つことができます。

らを題材にして何かを書こうとしても、何をどう書いていいかわからなくなる。

私は趣味のときと仕事のときとでは、まったく違う本の読み方をする。

書くことを前提にして本を読む場合には、三色ボールペンを使って、**後で引用できる部分など重要な部分は赤、次いでまあまあ重要な部分を青、個人的におもしろいと感じた部分、興味を抱いた部分を緑で線を引いておく。**それらのページに附箋《ふせん》を貼《は》ったり、ページを折っておいて、後で探しやすいようにしておく。

さらに、あるページと別のページに書かれたことがつながっていると思った場合には、関連ページを記しておく。

後でその本を見たとき、その本のポイントはどことどこで、自分としては、どこがおもしろかったかなど、ひと目でわかるようにしておく。その部分を見れば、内容がよみがえってくるし、引用候補の部分がすぐにわかる。

そこまでしておけば、**その本自体が書く題材**になる。

読書ノートをつくる人もいる。私の場合、それはやらない。**読書ノートをつくるのは、かえって時間がかかって非効率的**だからだ。私もかつてカードをつくったことがある。しかし、かかる時間と手間の割には、後でカードを使うことは少なかった。

読書ノートやカードをつくる場合、そのために多くの時間を使わなければならない。大変な作業だけに、それをつくり上げただけで満足してしまうことになりかねない。

私は、本を読みながら、感じたことや考えたことなどを見返しの部分やページの余白に書き込んでいき、日付をつけておく。こうすると、**本自体が読書ノートも兼ねることになる。**

読書好きの人で、本を汚すのが嫌いだという人がいる。たしかに稀覯《きこう》本など手に入りにくい貴重な本であれば、ボールペンで線を引いたり、メモを書き込むなどはもってのほかだろう。だが、普通に手に入る本であれば、本は読まれ、活用されてはじめて価値を持つのだから、どんどん書き込んでもいいのではないか。

こうした自分の読書ノートを兼ねた本であれば、後でいろいろな機会に役に

ONE POINT

受け身で本を読む行為は、自分の知性をアクティブに働かせていないということ。本当の意味で、作品を深く味わっているとは言えません。

立つことになる。

読み込む力は、書くことを前提にすると上がる

私にとって、読むことと書くことは直結している。本を読むことでインスピレーションを与えられることは多い。私の場合、本を読み込んだら書ける。その本を題材にして、何かを書くことを前提に読めば、書く力がつくだけでなく、その本をもっと深く読み込むこともできるようになる。

書くことをスポーツにたとえれば、**無目的に読んでいるのは、練習のための練習をしているようなものである。**いつまでたってもけっして試合で勝てる力はつかない。

たくさん本を読んでいる「読書家」といわれる人たちがいる。そういう人でも意外と「書く力」がない人が多い。それは書くことを意識しないで、ひたすら読む楽しみを追求しているだけであるからだ。

職業的に本をたくさん読まなければならない人たちに編集者がいる。彼らはたしかに読み込む力があって、私の書いた原稿に、「よくこんな細かいところまで読み込んで、

注文をつけてくるよな」と思えるようなこともある。

ただたいていの編集者の場合、読み込む力が書く力には直結していない。編集者には読み込む力は絶対に必要とされるが、書く力は必須《ひっす》なものではないからだろう。読み込んでも自分で書くのではなく、あるテーマで著者に書いてもらう、あるいは著者に書き直してもらうのが目的だからである。読む前提が自ら書くためではないから、書く力に結びつかないのかもしれない。

「書くために読む」という意識を持てば、「書く力」は読書量に比例する。書くことを意識して読むことで、読み込む力もつく。

「こなす読書」をめざす

書くために読むのは、私たちが普通に本を読むときの「味わう読書」とは違う。それは「こなす読書」になる。**書くための読書という視点を忘れないこと**が大切だ。

ゆっくり読書を楽しむときはまた別である。その本があまりにもおもしろく

ONE POINT
具体的なアウトプットを意識すると、それがアンテナとなって、「ここを読めばいい」という部分を引き寄せます。

て、このまま読み進めてすぐに読み終えてしまうのはもったいなく思え、あえて時間をかけて読むという体験もあるだろう。それはそれでいい。

しかし、たとえ名作文学であろうと、それを題材にして何かを書こうとなれば、それは「こなす読書」になる。

これまで読書というと、「味わう」ことばかりが強調されてきた。だから、読みはじめた本はとにかく終わりまで読み通さなくてはいけないといわれてきた。そういう強迫観念にかられるから、読書が嫌いになる。読み通せないなら、はじめから読まないほうがいいとなりかねない。

しかし、**本は最後まで読まなくてはいけないというものではない。**

私は極端にいえば、本は初めから終わりまで全部読む必要はないと思っている。**書くテーマに関連したところだけを飛ばし読みするほうが、書くという点からはずっと効率的である。**そこで自分のアンテナに引っかからなかったものは、縁がなかったと諦《あきら》める。

制限時間の中で読む

「味わう読書」ならば、時間は無制限なので、自宅でゴロゴロしながら読むのがいい。しかし、「こなす読書」はあくまでも書くために読むのだから、当然、限られた時間で読まなくてはならない。

そこで、「そのときまでに読み終える」という制限時間を設けることが重要になる。そうしないと、いつまでもだらだらと時間をかけてしまう。制限時間があれば、一冊の本にかける時間を計算できる。

たとえば、一時間で一冊の本を読み終えなければならないとしよう。自分の読書スピードなら、普通は五時間ぐらいかかると予測できるようなボリュームの本であれば、一時間なら二割ほどしか読めない計算になる。

集中すれば読書スピードは多少速くはなるが、飛躍的に速くなることはない。ではどうするか。**その本の中の二割を読めばいいのだ。**

しかし、どの二割を読むかがポイントである。そこで**目次を活用して、自分**

ONE POINT
書くための材料探しという点から言えば、書きたいテーマに関連した部分だけを選んで、飛ばし読みをしてもいいのです。

のアンテナに引っかかりそうな項目をチェックする。そして、ぱらぱらと全体をめくってみる。

このようにして、あたりをつけた部分だけを、三色ボールペンで線を引きながら集中的に読み込んでいく。書く材料として使うために読む、という意識があるから、どうすれば使えるだろうと考えながら読み込むことができる。

たとえ、八割の部分に目を通せなくても、一冊の本から三ヵ所くらい使える部分が見つかれば、その本は十分に価値がある。

本を読むスピードが遅いという人もいるだろう。普通の人が一時間に四十ページ読めるのに、三十ページしか読めないとしたら、その読める三十ページを選べばいい。**つまり、読むスピードよりも、どの部分を読むかという選択眼を養うことが大事なのだ。**

場合によっては、三十〜四十ページ読んでみても、まったく引っかかるところがないこともあるだろう。そんなときは、テキストとしての本の選択が間違っていることが多い。

まず素材としての本をきちんと選び出せるかどうかが第一で、次いでその本の中からアンテナに引っかかりそうな部分を選択できるかどうかというセンスが問題になる。

さらに読むことに集中するには、制限時間を設けるだけでなく、外的な要因から制限時間に縛られる状況に身をおくこともひとつの方法である。私の場合、移動時間の合間を活用して、喫茶店に立ち寄って本を読むことも多い。

家で読むと、ついだらだらとしがちだという人は喫茶店を利用するのもいい。喫茶店であれば、一杯のコーヒーで何時間も粘るわけにはいかない。せいぜい一時間から一時間半で、二時間もいるとさすがに店の人から「この客はいつまでいるのだ」とプレッシャーがかかってくる。そうした時間制限のある場所を活用して、集中して読むのもひとつの方法である。

問題意識を持って読む

「書くために読む」コツは、テーマが決まっていなくても、普段の読書のとき

ONE POINT

書くことを目的とした読書では、「自分のアンテナに引っかかりそうな項目だけを集中的に読み込むようにする」と割り切ることも重要です。

に、自分で気になったところ、「いいなあ」と思った文章、その本のポイントなどを記憶しておくことである。

三色ボールペンを活用して、本にどんどん線を引いていく。**線を引くことによって、記憶に残す。**メモにするのは、実際に書く段階になってからでいい。

面倒でそんなことができない人は、書く必要に迫られたときに、資料用の本などを読み込む訓練をすることである。

レポートを書くときは、まずテーマに沿った本を資料として揃《そろ》えて、読んでいかなくてはならない。つまり、量をこなす読書をしなくてはならない。本を読んだら、その中でキーになる言葉に三色ボールペンで線を引く。そうすることで記憶にも残り、後で引用などに活用しやすくなる。

資料になる本をすべて漫然と目を通してから、「さて、どうするか」というのは、効率の悪いやり方だ。膨大な資料本を読み尽くしてから書く人もいるだろうが、そういう人は書く力がすでに相当ある上級者である。普通は、資料を膨大に読むと、かえって頭が混乱して何を書いていいのかわからなくなってしまう。

本はあくまでも書くための材料、料理でいえば食材と割り切ってしまう。

書くという行為は、言葉を材料にして料理をつくるようなものだ。人間は、言葉を何十万語も使いこなすわけではない。およそ使う言葉は限られている。

私たちは普通、日本語という食材の中から、つくりたいと思う料理＝書きたいと思う内容をイメージする。

書きたいことを自分の中でキーワードとして意識しておく。そのキーワードを網のように張り巡《めぐ》らせて本を読んでいく。

多くは網の目から流れてしまうが、網＝キーワードに引っかかるものも出てくる。それが書くときに使う材料になる。

だから、読む前にキーワードを持っていることが大切になる。キーワードがないと、穴のあいた網になってしまう。**網とは問題意識と言い換えてもいいが、あらかじめ書くためには、こんなものが必要だというイメージを持つことである。**

そうしたイメージもなく、ただ漫然と本を読んでいるのは、網を持たないで

ONE POINT

どんどん線を引き、引っかかった部分に印をつけながら読むことは、場所記憶とともに、どんな内容だったかという連想記憶を強めてくれます。

漁をするようなもので、魚は捕らえることはできない。キーワードという網をつくっておいて、その網を投げかける、それが書くために本を読む場合のイメージである。すると一冊の本の中から、宝石のような個所がいくつか見つかるときがある。そして、次の本に向かう。こうして次々と本を読んでいけばいい。

「引用」の技を学ぶ

「書くための読書」を身につけるとともに、「引用」の技をぜひ学んでほしい。

引用は、ほかの人によって書かれた文章を、自分の文章の中に入れ込む技である。**自分の論理の展開の中に、どういうものを入れ込むかで、文章は生きもするし、死にもする。**

ほかの人によって書かれた文章を組み込むことで、自分の文章の中身をはっきりさせ、より具体的な形にすることができる。

また、自分の考えと、素材となるほかの人の書いた文章を絡み合わせることで、書く力は上がる。

ここでいう素材とは、**自分にとっておもしろい、意味があると思えるもの**である。自分がそこに何か意味を見出《みいだ》すことができる対象だ。

素材は体験でも絵画でも映画でもいいが、手はじめには文章が最適だ。文章から文章に移し替えるのは、言葉という同じ材料でできているので、もっとも相性がよく、比較的簡単にできるからだ。

引用とは、本や雑誌に書かれている文章を、カギ括弧で出典を明らかにして、自分の文章の中に取り入れることだ。

引用しながら、自分がその文章からどういう刺激を受けたかを書いていく。文字で書かれたものをそのまま引き写すのだから、生の素材をそのままの形で提示することができる。

文章以外の表現は、そのまま引用するのが難しい。絵画や映像を引用するとなると、それを自分の言葉で描写しなければならない。描写する技術も難しいが、その段階で生のままの素材ではなく、自分のフィルターがかかってしまうことになる。

ONE POINT

引用を習慣化するために、あらゆるものから柔軟に言葉を集めてみるといいでしょう。好きな漫画や曲の歌詞も練習材料になります。

書く力をつけるための素材としては、すでに書かれた文章を使うことからはじめるといい。

テキストを読み手と共有するメリット

素材――テキスト――について多くの人は、あまり意識的ではない。たとえば、文化的背景もあるが、文芸批評のほうが映画批評や音楽批評よりも高級だといった見方が流布している。

実際は、映画や音楽という文章とは違った表現を、言語に置き換えて引用するよりも、言語で書かれた作品をテキストにしたほうが、ずっと書きやすい。

文学の場合、書かれたものをそのまま持ってくれば、原著者の言葉を生で読める。読み手と書き手がテキストを共有することができる。

書く上で大事なことは、書き手と読み手がテキストを共有することだ。

本をテキストにする場合、原著者が非常に内容のあることを書いていれば、それを引用して持ってくるだけで、書き手と読み手がかなりレベルの高い意識のベースを共有できる。

しかし、**日常の出来事を題材にして何かを書こうとする場合には、さらに高度な書く力が要求される。**

エッセイは作者が体験した日常的な出来事を題材にして書かれる。過ぎ去ってしまった出来事が、読んでいる人が、いま実際に自分が経験しているかと思えるほどリアリティのある形で書かれていたとしたら、それを読んだ人は、作者の体験を共有できる。うまいエッセイストとは、そういう書き方ができる人だ。

「こんなことがあった」という出来事を共有できれば、それが書き手と読み手をつなぐ。「そのとき、こう思った」と書き手が思ったことについては、読み手は書き手と違う感想を持つことがあるかもしれない。

よく学校で、子どもたちに遠足や運動会についての感想文を書かせることがある。こうした課題は、実際に書くとなると、かなり難しい。体験を文章化する技が必要になるからだ。

ONE POINT

いきなり書く作業に入る前に、「これってこう思うんだけど、どうなんだろうね」と人に話すことで、書こうとする内容がまとまってきます。

それに遠足や運動会などは、みんなが同じような体験をする毎年の恒例行事で、ごく普通の体験にすぎない。それをおもしろく書くとなると、自分が本当によかったと思ったこと、おもしろいと思ったことを取り出し、どう感じたかを表現するという高度な技が必要になってくる。

自分の体験や周囲のことを書くのと、別のものを題材に書くのとでは、難易度がまったく違う。自分の個人的な体験について書くのは、それがよほど特殊な体験で、人が興味を持つようなことであれば、その体験は読者と共有しやすくなるが、普通は難しいと思ったほうがいい。

書くにあたっては、まず読者と共有できるテキスト、素材が必要だという考えを徹底することが重要である。

おもしろいと感じたことをグループ分けする

子どもに読書感想文を書かせるときには、ただ「感想を書きなさい」というのではなく、「読んで大事だと感じたところを三つあげて、そのことについて書きなさい」

というように、具体的に指示したほうが書く手がかりになる。

肝心なことは、書く素材をどう浮かび上がらせるかである。作品全体を「一頭の大きな鯨《くじら》」にたとえれば、それをまるごと料理しようとすると、どうしても無理が出る。一頭の鯨を解体し、いくつかの部分に切り分けて料理していく。読書感想文を書く作業には、そうした段取りが必要だ。

一冊の本について、漠然と「感想をいいなさい」といっても、「おもしろかった」とか「つまらなかった」といった感想しか出てこない。全体を前にすると、何をとっかかりにしていいかわからなくなるから、そうした言葉しか浮かばないのである。

具体的に書かせるためには、最初は**一冊の作品から「いくつかおもしろいと思った部分をあげなさい」と指示してあげることが必要**である。

この場合、三つがもっとも適切である。それ以上になると、相互のつながりがわからなくなってしまう。もちろん、十でも二十でも、自分が大事だと思ったこと、いいと感じた文章などをあげてもいいが、相互の関係が整理できない

ONE POINT

読書感想文や書評は、本の中から３つ良かった文章を選び、「なぜそれを選んだのか」を説明して肉付けすれば難なく書けるようになります。

と混乱してしまう。逆に、一つ、二つしかあがらないと、つまらないものになってしまう。

三つといっても、選んでいくと五つ、場合によっては、十以上も出てくるかもしれない。そんなときは、取り出したポイントを並べてみる。**同じテーマで括《くく》れるものは括っていって、三つのもっと大きなグループに括る。**

このグループ分けができれば、後は、それをどうつないでいくかという作業になる。この「つながり」を見つける作業の中で大きなテーマが見つかるのだ。

引用のポイントを外《はず》さないコツ

一冊の本の中で好きなところを三つ取り出してみると、選んだ人のオリジナリティがそこに出てくる。

子どもに、「この作品の中で好きな部分はどこか。一つあげなさい」と聞くと、好きな部分が重なることが多い。しかし、三つあげさせると、二つまでは重なっても、三つすべてが重なることはほとんどない。その三つをつなげると、それぞれのオリジナリティが出てくる。

私は、子どもたちに本を読ませるとき、自分が読むときと同じように三色ボールペンを使い、**赤は重要な部分、青は次いでまあまあ重要な部分、緑は個人的にいいと思った部分**という分け方で、線を引かせる。個人的な好み、感想を書かせる場合には、赤線の部分ではなく、緑線の部分を取り出して、書いてもいい。

しかし、作品をしっかりと読んで理解し、それについて書く場合には、やはり作者がもっとも主張したい部分、赤線部分を外しては意味がない。その作品のポイントである赤線を引くべき部分を外してしまう読み方――たとえば、感性は豊かではあるけれど、ポイントを外しまくるという読み方――は、やはり読書力がないといえる。

日本では、自分勝手に本を読めばいいと思われている風潮がある。ことに小説についてはそうで、テキストとして読み込むという意識が少ない。日本の文芸批評で、作品のポイントを外してまったく見当違いなところで批判したりす

ONE POINT

本の趣旨から「非常に大事」なところに線を引くことで、本の幹（言いたい中心的な主張）を捉える力が鍛えられます。

る例が多いのも、もともとそうした訓練がなされていないからだろう。

まず、**作者が何を言いたいのかというポイントをとらえる**ことが大切である。赤線を引く部分は、だれが読んでも、「ここが重要なのだ」という意味で、ほぼ一致するはずだ。それを取り出した上で、自分がおもしろいと感じた部分、どこで自分が反応したかという部分――緑線を引く部分――をどう取り出すかである。

その作品について書く場合、ポイントである赤線の部分をきちんと入れた上で、そこに自分がおもしろいと感じた緑線の部分をどう配列して書いていくかによって、その人の個性、作品のとらえ方が出てくる。つまり、赤線の部分と緑線の部分をいかにうまく組み合わせて書いていくかによって、書いたものがおもしろいものになるかどうかが分かれる。

緑線の部分を選ぶとき、あまりにも些末《さまつ》なためにほかの人がおもしろいとは思わないような部分に引っかかるのか、それとも、読んだ人が「**なるほど、そういうおもしろいとらえ方があるのか**」という切れ味のある部分を取り出せるのかは、書く人のセンスにかかってくる。このセンスを磨くのが、書く力をつける上で重要なポイントになる。そのセンスを磨くのは、基本的には読書しかない。

引用から文章を組み立てる

実際に引用を活用して書く場合にどうするか。

何を書くかにもよるが、たとえば、ある作品、論文、本などを素材にして書く場合には、引用したい部分を自分の文章に織り込んで三ヵ所ほど挿入してみるといい。その三ヵ所については、それぞれ内容の違うものを選ぶ。引用が多いと、引用が主体になってしまい、自分の文章ではなくなってしまう。

引用は、読む人がその**引用部分だけ読んでも満足するような楽しいものを入れるのがコツである。**そしてそれぞれの引用から、人目をひくようなキーコンセプトを導き出す。

つまり、**引用が核になって、そこで三つのキーコンセプトができあがっていく。**

次に、**その三ヵ所をつなぐ文章をメモ程度でいいから書く。**こうしておくと

ONE POINT
赤線と緑線の色分けによって、客観的要約力に必要な部分と、主観的コメント力に必要な部分の仕分けができるのです。

後で考えを整理するときに、非常に役に立つ。三つの引用をつないでいくと、すらすらと文章が書ける。

はじめから順を追って書こうとすると、まず最初の一行で何を書くかというプレッシャーが強く、なかなか書きはじめられなくなってしまう。真っ白な原稿用紙を前にして強迫観念に駆られてしまう。しかし、引用を核にして、それについてのメモを書いておくと、量的にも進んだという安心感を得ることができる。この気分が推進力になる。

この推進力が大切で、気分を乗せて、文章を書き進めることができる。

引用というと、それだけではほかの人の文章ではないかと思うだろう。たしかに引用個所は書き手の文章ではないが、その部分を選んだことによって、すでに書き手の意図は明確に表れてくる。

また、書き手の文章だけが続くと、その人の考えだけを一方的に書き連ねることになり、読み手が飽《あ》きる。また、書いている当人にとっても、自分の考えを一方的に出すだけでは、勉強にならないだけでなく、どうどう巡りの文章になりがちである。

自分の言葉で書くといっても、それだけでオリジナリティが出るわけではない。そこを誤解しないことが大事だ。

「自分の言葉」だと思い込んでいる言葉や文章は、実はすでにこれまでさんざん使われてきたものなのだ。言葉そのものでオリジナリティを出すのは、よほど才能のある詩人のような人以外には、まず不可能だといっていい。

オリジナリティとは、言葉そのものにあるのではなく、その内容にあるのだ。

引用文を使うことによって、その引用文の文脈と自分の文脈がクロスし、そこに別の意味が生じ、オリジナリティが生まれる。引用を、どう組み合わせ、文脈の中に取り入れるかによって、書き手の個性は自《おの》ずと出てくる。

「気づき」がおもしろさを生む

引用するときに気をつけることは、関係がありそうなものを並べてしまわないことだ。関係がありそうなものが並んでいても、読み手を刺激しない。読み手に刺激を与え、そこから何らかの「気づき」を与える必要がある。

ONE POINT

引用する際には正確な文章で引用することが好ましいですが、最初は「こういうことを言っている」というレベルでも構いません。

それが読み手にとっては、おもしろいものになるのだ。**おもしろいとは、それまで頭の中でつながっていなかったものがつながるということでもある。**読み手にそういう刺激を与えるラインをつくるのが、文章を書くことの醍《だい》醐《ご》味《み》の一つでもある。

頭の中の離れた場所に整理されていたこと、つながっていなかったことが、脳の中に電流が流れて、つながっていくような快感である。それが読者にとっての「気づき」の喜びである。それまでつながっていなかったことがつながり、読者に「そうだったのか」という気づきの喜びを与えるのである。

それまではつながると思っていなかったものが「これはつながるのではないか」と予感させるときがある。それが気づきのチャンスなのだ。それが脳の中のラインがつながる瞬間といっていい。

おもしろい話をする人は、普通なら結びつきそうもない意外なことを結びつけて、聴く人に「ああ、そうなのか」という気づきの喜びを与える。話す場合には、それらがどうつながるのかゆっくりとは考えられないが、書く場合には、じっくりと考えることができる。

それまでつながっていないことがどうつながるのかを、書くという作業を通じて、ゆっくりと詰めていくことができる。頭の中で考えて、つながりがなさそうなもののつながりをとらえることができる人は、かなり訓練を積んだ人だ。

普通は、頭の中で考えているだけでは、何となくつながっているのではないかと感じるくらいだ。それを人に伝える言葉で表現できるようになるには、書くという作業が非常に有効なのだ。

書いているうちに、そのつながりのラインが明確になっていく。書く訓練は、そうした思考の粘り強さを鍛える。

最初は、書くトレーニングをすることによって、つながりにくいもの同士を、ラインをはっきりさせてつなげることを意識することが必要である。

そして、何と何がつながったからおもしろいということをはっきり示せば、読み手も、「あぁ、これとそれがつながるわけだ、それはおもしろい」となる。

それまで頭の中でつながらなかったもの同士がつながると、頭の中に電流が

ONE POINT

引用するということは、他の人の知性を媒介にして自分の思っていることを表現できるようになるということです。

流れる快感をイメージできる。脳の中で、実際に電流が流れていくのだろうが、普通は感じ取れない。しかし、慣れてくると「あっ、いま流れた」という感じがわかるようになる。

書く側が「気づき」のおもしろさを感じないのに、読み手がおもしろさを感じるわけがない。まったく新しいものである必要はないが、**文章の中に、読み手に何らかの「気づき」を与えるものがなくては、読む意味もない。**

いままで世の中になかった考えや表現を生み出すのは、無から有を生み出すようなものでかなり難しい。たとえ、すでにあるものであっても、そこに新しいラインをつくることで十分に「新しいもの」は生み出せる。

2 「レジュメ力」をつける

キーワードを拾い、メモをつくる

学校で、授業中に作文の課題を出されたときに、すぐに書きはじめる子どもは多い。大学でもそういう学生がいる。しかし、こういう書き方では、しばらくすると必ずといっていいほど行き詰まる。

書きはじめるときには、まず何を書こうとしているのか、メモをつくらなくてはならない。

ところが、このメモをつくる習慣のない人たちが実に多い。いきなり書きはじめてしまうのだ。これでは社会に出てから、仕事で企画書などを書かなくてはならない状況になると、たちまち困ることになる。

ONE POINT

つながっていないものをどうつなげて考えることができるか。それを探究することこそが、知性の根源的なあり方なのです。

一行目を書きながら、次は何を書こうと考えているのでは、たいていは文意がつながらなくなるし、途中で行き詰まる。時間がかかるし、内容も趣旨もはっきりしないものになる。

書く前に、まずキーワードを拾い出してメモをつくることが大切だ。ネタが何なのかをはっきりさせるのだ。具体的にどんなネタがあるかをはっきりさせないと、読んでおもしろいもの、内容のあるものはけっして書けない。

キーワードを拾い出してからはじめて全体の構築をするという作業に進む。全体を構築するためには、ネタの洗い出し、すなわちキーワードを拾い出すことが前提になる。

最近は発想力・独創力を重視して、独自のカラーを出そうとする傾向が強い。しかし、最初から簡単に独創力が発揮できるわけではない。

だれもが重要だと思うポイントをつかむとともに、自分がおもしろい、重要だと思うものを拾い出すことで、自然と自分のカラーは出るものである。そのキーワードを手がかりに全体の構築をしていく。そのときに、さらにその人の独自性を出していけばいい。

プロの作家の中には、あらかじめ構想を練ることなく、いきなり書きはじめて、その過程でインスピレーションを得て、どんどん書き進む人もいる。しかし、これはかなり書きなれているからこそ、できる技だ。

どれほど才能ある作家でも、長編小説を書くときは、あらかじめ綿密なノートをつくって小説全体の構築をしている。

ドストエフスキーも、長大な小説に関しては綿密なノートをつくっている。あらかじめ、ある程度の構想ができていなければ、あれほど長大な小説を破綻《はたん》なく書くことなどできない。

短編小説は別であろうが、長編小説を全体の構築をせずに書くなどとは、プロの作家であっても乱暴な業《わざ》である。まして、普通の人がある程度の長さのもの（原稿用紙十枚以上）を書くときには、全体を構築しておかなくては、第三者に読ませるだけの価値のあるものなど書くことはできない。

書くことが話すことの延長であるかのように安易にとらえる傾向が強く、あ

ONE POINT

ゼロから書き起こすより、いくつかのキーワードを用意したほうが、話の組み立てがある程度固まるので文章は書きやすいのです。

らかじめ全体を構築するという当然のことが、書く上であまりに軽視されている。

書くことは構築することであることをはっきりと認識して、訓練していかなければ、書く力をつけることはできない。そして構築力の前提が、キーワードの抽出《ちゅうしゅつ》なのだ。

構想に役立つメモのつくり方

学生やビジネスパーソンが普通書かなくてはいけないレポートや論文、報告書、企画書などは、言いたいことが正確に相手に伝わらなければ困る。ポイントをはっきりさせた文章でなくてはならない。

文章を構築物としてとらえれば、当然、土台が必要である。その土台になるのがメモである。まず、自分の頭の中にある材料を全部紙の上に吐き出すのが第一の作業である。さらにその関連事項もどんどんメモして吐き出しておく。

私はここでも三色ボールペンで優先順位をつけることをすすめる。つまり、**書き出した項目に赤、青、緑の三色で線をつけて色分けしてみる**のだ。

まず書き出した項目について何が一番重要なのか、赤ボールペンを使ってマルで囲んでみる。**赤線がついた項目は絶対に書き落としてはいけない重要な部分、青はできれば入れたい部分、そして緑は自分の意見、主張**などである。こうすれば、自ずから優先順位ができてくる。

赤線は本であれば「章」や「節《せつ》」に当たる。青や緑は「項目」に該当する。本のように、四百字詰め原稿用紙で二百〜三百枚という枚数になると、項目につける小見出しは六十〜百本という数になる。

しかし、普通の人はそれほど長いものを書くことは要求されないだろう。十枚程度のレポートや企画書などであれば、それほど複雑にする必要はない。**一本大きな柱を立てて、その中に構成される項目が三つほどあると、ほぼ落ち着いた構築物になる。**そこで優先順位を決めて、再配列してそれぞれの項目について文章化していく作業に入る。

書くことは、料理をつくるときと同じ流れである。はじめに何をつくるか決めておかなくては、材料を用意することはできない。材料を準備できたら、たとえばタマネギ、ジャガイモは切っておく、肉は下味をつけておくなどの下ご

ONE POINT

「No メモ、No アイディア！」クリエイティブな思考力は、メモ力と共にあります。「考えよう」となんとなく思っても、思考は深まりません。

しらえをする。最後にそれらを一気に炒《いた》めてできあがる。

書くという作業は、料理でいえば、最終段階の焼いたり、炒めたり、煮たりすることにあたる。大事なのは、その前に下ごしらえがきちんとできているかどうかだ。**書くことにおいても、材料を準備し、下ごしらえをしておくことがポイントになる。**

過不足なく書かれた文章は、書く前にあらかじめ節立て・項目立てができているから、読んでも何がポイントなのかはっきりわかるし、文章的な崩れが少ない。書くときにも、何をどう書かなければいけないかがはっきりしているので、ストレスが少ない。

課題を与えられるのではなく、自分で課題を持って書く場合、何を書くかを思いついたときには、それを一定の形にまで詰めておいたほうがいい。

本でいえば、章のタイトル程度ではなく、細かい見出しまでメモにして書いておくことである。そうすれば、後になってそこまで進んだ思考を後戻りさせずにすむ。その段階まで終えておけば、その場で放り投げておいても、一ヵ月か二ヵ月後でも、メモを見れば、そのときの思考、筋道を思い出すことができる。つまり、いつでも書きはじめることができる状態である。

書こうと思いついたら、思考が白紙に戻ってしまわない地点までの構想を、しっかりと形にしておくことがコツである。

性格の違う三つのキーコンセプトをつくる

たとえば、あるテーマで一つの論文を書くとしよう。そのテーマを展開していくキーコンセプトを三つつくり出す。これらも、書きたいこと、書かなくてはいけないことのメモから出てくる。たくさんのメモの中からキーコンセプトを三つに絞る。

原稿用紙一～五枚程度の短いものであれば、キーコンセプトは一つあれば、それで書き切ることができる。しかし、十枚以上のものになると、それではもたない。

三つのキーコンセプトを抽出する場合、その三つが同じようなものではダメである。

ONE POINT
まとめるべきポイントを３つに絞って考える。３つのステップで伝えることを意識する。３というのはセットにするのに適している数字です。

性格の違う三つのキーコンセプトを取り出して、その三つをつなげる論理を組み立てていく。

このときに自分の考え方がはっきりしてくる。そこで考える力が必要とされるし、また養成されることになる。そして、自分というものが引き出されていくことにもなる。

三つのキーコンセプトは、その文章全体を構築する三脚である。あまり似たもの同士では、距離が近くなって安定しなくなる。それぞれが相互に侵蝕《しんしょく》し合わない、ある程度離れた三つを立てることが重要なのだ。

完全な正三角形でなくても、三つのキーコンセプトの種類が違っていれば、それぞれの距離が離れて安定する。三脚で成り立っている椅子《いす》やテーブルは、脚の距離が離れているほど安定して倒れにくくなる。それと同じように、キーコンセプトがそれぞれ違っているほど、書いた文章は安定したしっかりしたものになる。

キーコンセプトがなぜ二つではダメかといえば、そのつながり方が直線になってしまい、だれが考えてもキーコンセプトの論理のつながりが同じようなものになってしまう。そこでは書き手のオリジナリティが出てこないからだ。**三つをつなげることによって、複雑さが生じて、自ずとオリジナリティが出てくる。**

落語で三題噺《さんだいばなし》というのがある。客から三つのテーマをつのり、その場でそれらをつなげて一つの噺（落語）にするというものである。これはなかなかおもしろい趣向で、三つの別々のテーマをつないで一つの話をつくるには、考える力が要求される。そこにつくり手（書き手）の個性も自ずから表れてくる。だから、これによく似た趣向の問題が出版社などの入社試験によく出される。

さらに独立性の高い、お互いが分離している三つのテーマ、キーコンセプトをつなげるには、力技とオリジナリティがどうしても必要となる。

たとえば、「根性」と「気力」と「やる気」というキーワードを三つ取り出して書くとしよう。この三つの言葉は、意味内容がほとんど同種なので、書くものに広がりが出てこない。書いたものは安定せずに、内容的に「よくある精神論でしかない」と一言で切られてしまいかねない。

しかし、「心」「技」「体」と設定すれば、それぞれまったく違う性質のもの

ONE POINT

関連のないものをつなげるためには、共通点を見出す力や、そのための補助線を引くセンスが問われます。相手を納得させる論理も必要です。

なので、これらをどうつないで書いていくかは、人によって違ってくる。したがって、新しい気づきや価値のある文章が生まれる可能性がある。

キーコンセプトは切り口になる

キーコンセプトを練って明確にしておけば、文章は書きやすくなる。そのキーコンセプトを背骨《バックボーン》にして、ほかの要素をいろいろと絡めていくことができる。**たとえ、話が途中で拡散しても、そのキーコンセプトに戻ることによって、まとまりのある文章にすることができる。**

書くときに一番まずいのは、たとえ書くことができても、内容が支離滅裂《しりめつれつ》で、いったい何について書いたのか、何を言いたいのかわからない場合である。

私がいっているキーコンセプトとは、テーマとはちょっと違う。たとえば、環境問題について書くという場合、「環境問題」という言葉は、テーマであって、キーコンセプトではない。そこで環境問題について、自分が書きたい何かを見つける。**その「何か」が、キーコンセプトである。**それが見つかれば、文章はかなり形が整うはずである。

どのようなキーコンセプトを見つけるかが、書く方向性を左右することにもなる。

たとえば、「環境問題を解決するにはまず、先進国と開発途上国の経済格差を解決しなくてはならない」というキーコンセプトと、「アメリカのわがままが環境問題解決への大きな障害だ」というキーコンセプトとでは書く方向性はまったく異なってくる。前者なら経済問題としての書き方、後者なら政治論や文化論になるだろう。

もちろん、キーコンセプトは斬新《ざんしん》なものにしたことはない。しかし、自分が考えられる範囲で、キーコンセプトを見つけることが書く上での第一歩である。

レジュメは文章の設計図

キーワードやキーコンセプトを書き出したメモをつくったら、次はレジュメ

ONE POINT

「自分が書きたいネタがどこかにあるはず」という目で世の中を見渡してみれば、自然と書きたいことが向こうから飛び込んできてくれます。

である。レジュメは書く前段階として構成や中に入る項目などをまとめたものである。実際に書くときには、絶対にレジュメをつくらなくてはならない。

レジュメをつくるとき、項目ごとに百字以下でいいので、**何について書く項目なのかを書き込んでおく**ことだ。そうしておくと、後で本格的に書くときに非常に役に立つ。

それぞれの項目について、書くべきことをまとめておくと、全体の内容と流れがはっきりとつかめる。それらを使って、章立て、節立てを考え、項目を並べ替える作業をすれば、文章を構築しやすい。

さらに、全体を見渡して、後はどこを膨らませていけばいいのかがはっきりする。

レジュメは、書くことと別の作業としてとらえるのではなく、並行した作業として考えるといい。

すると、**レジュメができたときには、骨組みもでき、あらすじもできてしまう。**

全体が大まかにできれば、後はそこに栄養をやればいい。栄養とは、資料など、そこに組み込みたいものだ。すでにどういう狙いで、どういう部分に使いたいかがはっきりしているので、資料を探すときも能率的になる。

レジュメをつくっておくことで、資料のターゲットを絞り込むことができるから、資料探しも楽になる。資料のどの部分が必要になるかも明確になる。使うか使わないかわからない段階で、やたらに資料を集め、後でほとんど使わなかったなどということがなくなる。

以前、NHKのドキュメンタリー番組にかかわったことがある。ドキュメンタリー番組は、とにかくたくさん映像を撮って、後でその映像を組み合わせて構成し、ストーリーをつくっていくと思っていた。しかし、私がかかわった番組では、最初の段階で構成をきちんと詰めて、それに合わせて映像を撮影していくという方法をとっていた。

もちろん、番組の内容によって、つくり方はいろいろあるのだろうが、最初にきちんと内容を構築しておくと、無駄な映像を撮影する必要はなく、メッセージ性がある番組をつくることができる。

それを見ていて、論文などを書く場合と似ているなと思った。しっかりした

ONE POINT

ひとつの方向から見た意見だけを並べて話を進めると、浅い話に陥りがちです。他の視点からの意見を織り交ぜると、話に奥行きが出てきます。

テーマを打ち出すためには、まず最初にきちんと構築する作業が必要である。

長い文章を書くトレーニング

文章を構築するためには、まずキーワードを拾い出して、それぞれについてポイントだけをあらかじめ短い文章で書いておく。そうすることで、全体を俯瞰《ふかん》できる。次の作業として、その間を埋めるように具体的なネタを入れ込んでいく。その段階では、最終的に削ることになってもいいので、思いついた文章はなるべく入れ込んでおく。すると、ボリュームがだんだん膨らんでいく。

最初に構築ありで、短い文章から膨らませていくという方法である。

逆に、思いついたこと、心に浮かんだことをどんどん書いていくという、構築をあまり意識しない書き方もある。この場合は、思いつきのままに書いていくのだから、全体の統合は最初は頭になくてもいい。自分の生命力を推進力にする書き方である。

しかし、この方法の場合、文章を締まったものにしていく作業が必要となる。前者が膨らませる方法であるのに対して、これは書いた後で絞り込むという方法である。

この場合、きちんと絞り込みができないと、思いつきだけのだらけた、何を言いたいのかわからないものになってしまう。

実際に書く場合、自分の思いつきや考えをそのままに書いてしまう人も多い。ことに最近はパソコンで文章を書くことが普通になっているが、ワープロソフトで入力するのは、実際に紙の上に書くよりも容易なので、ついだらだらと長く書いてしまうのかもしれない。

もちろん、そのままでは文章としてはきちんとした形にならないが、トレーニングとして、量をこなすことがやりやすくなったわけである。

量をこなすことは、どんなことでも上達の条件である。書く力についても、それは通じる。まず量をこなすことを当面の目標にするのは、上達の早道である。文章を書けない人は、たいてい量的に長いものを書く訓練をしてきていない。

作文に苦手意識を持っている子どもは、四百字でも恐れをなしてしまう。苦手意識を持ったまま大人になると、本当に書くことが苦手になってしまう。

ONE POINT

一から順に書こうとするのではなく、ランダムでもいいから思考しながら書く。思考を止めないのと同時に書く手も止めないことが大事です。

大学生に四百字詰め原稿用紙で十五枚以上のレポートの提出を求めると、そんなに長い文章を書いたことがないという人が多い。たしかに、高校までせいぜい五枚程度しか書いたことがなければ、十五枚も書けるだろうかと思うことだろう。しかし、実際に書いてみれば、何とかこなせるものだ。

走ることに慣れていなければ、十キロ走るなどとうてい考えられないし、フルマラソンなど、とんでもないと思ってしまう。しかし、毎日のように走る練習を重ねていけば、距離を走ることの恐れがなくなっていき、いつのまにか十キロ程度であれば余裕で走れるようになる。

練習を積み重ねていけば、いつかはフルマラソンにも挑戦できるようになる。

そういう意味では、**とりあえず量を書く訓練が必要だ。**四百字で十枚書く課題をこなしつづけることで、量に対して恐れをなさなくなる。五十枚になれば、十枚のものを五つ書けばいいと思える。マラソンの距離感がつかめるように、書く量についても見通しがつくようになる。

ただしその場合には、**とにかく量を書いて、そこから構成しなおし、不要な部分を**

削除し、人に読んでもらえるレベルにもっていくことが必要であり、それが次の段階の訓練である。その上で、今度は質（内容）を充実させていけばいいのである。

私の場合は、論文にしろ本にしろ、書くことが仕事である。かつては最初の一行を書き出すのに時間がかかった。私は極度に力《りき》むタイプだったので、二十代までは、力の入った長い論文を書こうとすると、どうやって書きはじめるか考え込んでしまった。そのまま時間がたって、一年くらい過ぎてしまうことがしばしばあった。

あるとき、はじめから壮大なものを書こうと思うから、力が入りすぎてなかなか書けないことに気がついた。そこで、「いきなり大きい絵を描こうとしてはいけないのだ」と思い、まず小さい絵をたくさん描いて、それらを結合させていく方法に切り換えた。長い論文を一挙に書き上げようとするのをやめたのである。

ONE POINT

推敲では、筋が通っていないところは筋を通し、説明が足りないところは補足し、無駄なところは削除する。丁寧に手を入れていきましょう。

3 文章は「3の法則」で構築する

キーワードからキーフレーズへ

全体を構築していく場合、**キーワード、キーコンセプトを、タイトルになるようなキーフレーズに練り上げていくと、全体が構築しやすくなる。**

キーワードを練り上げて「何々は何々である」というキーフレーズにして、それを一行目に書いたとする。すると、そこに書き手の思いが凝縮される。

キーフレーズは、多少わかりにくいものでもいい。自分にとっては、それを結論のつもりで書く。

自分が一番言いたいことを一行目に書く。その後に続く文章は、それはどういうことかを説明することに費やす。それだけで、四百字詰め原稿用紙三〜四枚であれば、まとまりのいい文章ができる。

私の場合を例にあげると、引用部分について述べた私の文章は、何が言いたいのかを一文で言い切るスタイルをとっている。そこで人目をひく捻《ひね》りのきいたキーフレーズを考え出すことが、商品として人に読んでもらえるものになるかどうかの分かれ目になる。

たとえば、『声に出して読みたい日本語』（草思社）では、宮沢賢治《みやざわけんじ》を取り上げたところで、「宮沢賢治は、地水火風《ちすいかふう》の想像力の達人だ」と言い切っている。このように、一文で言いたいことを言い切るのがポイントである。

はじめの一文で言いたいことを言い切っておけば、枚数が足りなくなっても、途中で時間が来て中途半端に終わっても、いちばん言いたいことは入っている。**最初に言いたいことをきちんと書くのは、自分がこの文章で主張したいことは何かを忘れないという利点がある。**

読んだとき、何が言いたいのかわからない文章は、書き手自身が書いているうちに自分が何を言いたいのか、わからなくなってしまっているのだ。また、

ONE POINT

はじめの一文が単なる内容の要約だと、「ふーん、そうなんだ」という程度で、読み手の心に引っかからないことが多いです。

論外ではあるが、はじめから言いたいことをはっきりさせずに書きはじめている文章は問題である。

書きはじめる前にキーコンセプトを見つけても、それを書かないままに途中で脱線して、何が言いたいのかわからないままで終わっては、キーコンセプトをつかみとった意味が失われてしまう。

言いたいことを過不足なく表現しながら、凡庸《ぼんよう》に陥らない一文を、最初につくり上げることができれば、読む人の気持ちをつかみ、先を読みたいという気持ちにさせることができる。

その一文（キーフレーズ）を論理的に説明していくことは、たとえれば思考の解凍作業のようなものだ。

一文に凝縮するためには、思考の凝縮があるはずである。それを論理的に説明するように書いていく作業は、凝縮された思考を解凍して、思考のプロセスをすっきりさせていく作業である。だからこそ、書くことは考える力を鍛えることにもなるのである。

関連のない三つのキーコンセプトをつなぐ

三つのキーコンセプトを取り出すことは、書く力をつける上での基本である。**できるだけ離れて重ならない三つのキーコンセプトを取り出して、それをどうつなげられるかに、その人の能力・才能がかかってくる。**

離れたキーコンセプト同士をつなぐためには、考えるという作業がどうしても必要になる。書くことが、考える力を鍛えるのは、その作業の過程でどう論理をつなげていくかという作業があるからだ。

近いキーコンセプト同士であれば、それほど考えずに、「こうだから、ああなる」となってしまう。しかし、距離の遠い、一見関係ないようなキーコンセプト同士をつなげるには、深く考えなくてはならない。

話す場合は、論理的な説明がなくても、何となく流れてしまう。次から次と話題が飛んでも、そこにつながりを見出す作業はあまり必要とされない。しかし、書かれたものがそんなものだったら、人はそこで読むのをやめてしまう。

ONE POINT

一つの大きなテーマを設定し、それを３つの小テーマに分解する。その３点について考えることで、全体の骨格がより明確になります。

書く場合には、そこでつながるラインを見つけるために、「ああでもない、こうでもない」と練り上げ、考えることになる。だから、書く作業を通じて考える力は鍛えられる。

およそ、**うまいと思える文章は、つながりそうもないものがうまくつながって書かれているもの**だ。

三つのキーコンセプトを図化する

学生にとくに好きなもの、あるいはとくに尊敬する人物をあげてもらうことがある。「一つあげなさい」といったときには、百人いたら、同じもの、あるいは同じ人物をあげる人が五人から十人出てくる。二つ、あるいは二人といったときにも、まだ重なる場合がある。

しかし、これが三つ、あるいは三人といったときには、その三つが重なることはまずない。それぞれの学生の個性が出てくるのだ。

意外な三つを選び出してきても、その選択には何らかのつながりがある。その**三つ**

をつなげるラインが、その人の脳みそのつながり方であり、それが個性といえる。

二つでは、オリジナリティはあまり出てこないが、三つだと、ほかの人と区別できるオリジナリティが出てくる。だから、三つのものをつないで書く練習をすれば、その人のオリジナリティが出てくることになる。肝心なのは、そのラインをつなぐ作業である。

では、どうやって三つのものをつなぐ練習をすればいいか。

まず、三つのキーコンセプトを拾い出したら、その三つを図にしてみる。前にもいったように、キーコンセプトを拾い出すときに、直線的に関係があるものを拾い出しても意味がない。二つには何らかの関係があっても、三つ目には共通点がないものを拾い出すことだ。

そして、**その三つのキーコンセプトで三角形の図を描いて、その関係を明示してみる。**

文章で書く場合、それを図にして載せることはまずしない。図で見れば、ひ

ONE POINT

一見ありふれたものもナイフを入れる角度を変えれば、新しい形の断面が現れます。それが「読ませる」文章を生むきっかけとなるのです。

と目でわかることでも、文章で説明しようとすると、いろいろと書かなければならないので、文章量は多くなる。いかにクリアに説明できるかどうかで、書いている人が理解しているかどうかもわかってしまう。

なぜ図にするかといえば、**読み手が文章を読んだとき、それを頭の中で図としてイメージできれば、「わかった」という感覚をはっきりと持つことができる**からだ。

何となく言っていることはわかるような気がするが、曖昧《あいまい》だというようなときは、読み手が頭の中で図化できていないわけだ。

クリアな文章というのは、読み手の頭の中にきちんとしたイメージなり、構図を思い浮かばせるものだ。

書き手に明確な構図がないのに、読み手が構図を描くなど不可能である。

書き手が何を言いたいのかわからない、その内容がよくつかめないということになる。

書くときにまず図を描いて、それを文章化してみる。読み手が、文章を読んで、図をイメージすることができれば、クリアな文章といえる。

それなら、図を一緒に載せてしまえばいいということになるが、もちろん図を載せてもいい。しかし、文章には、図では表現できない微妙なニュアンスを伝える力がある。

骨としては図があっても、そこで表現されていることは、**図にしてしまうと、微妙なニュアンスが伝わらないこともある。**骨だけでなく、そこに肉がついてはじめておいしくなる。そういう状態で提出するのが、文章で書く意味でもある。

まず、全然違う三つのキーコンセプトがどうつながっていくのか図に描いてみる。

「この二つは、このポイントでつながる」とか、「この二つはどういう関係にあるのだろうか」などと考えてみる。

そうすると、「多少無理があるけれど、これなら何とか三つがつながる」ということが、三つのキーコンセプトの真ん中に出てくる。

練習としては、**無理矢理でも三つをつなげてみる。**

ONE POINT

まずポイントを明示して、そこから説明を始めると、読み手もこの話がどこに向かっているのかがわかり、安心して読んでいられます。

そして次には、**図化したものを、どうすれば読み手の脳の中に引き写すことができるかを考えて、文章にしてみる。**自分の中で曖昧な図しか描けていないときに、それを文章で表現しようとしても、さらにわからなくなるだけだ。自分の頭の中でまず構図をはっきりさせて、それを読み手にわかるように文章化する作業は、書く力をつけるための有効なトレーニングになる。

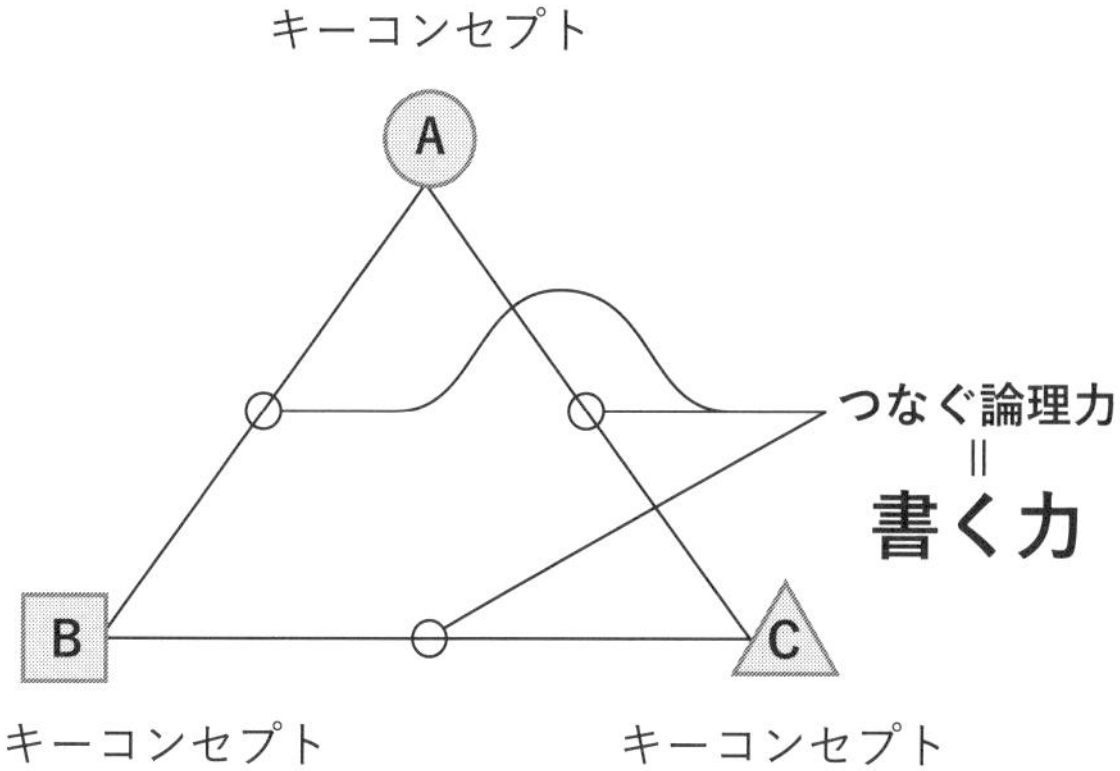

一つ一つのキーコンセプトにそれほど
オリジナリティがなくても、つなげか
たにオリジナリティが生まれる

暗黙知を呼び覚ます

なぜ三つを選ぶのか?

それが暗黙知を働かせるための技だからだ。

暗黙知とは、意識化できてはいないが、自分の体験の中でつちかわれてきた知恵である。それを掘り起こすのである。

三つ選んだ時点で、自然に自分の中の暗黙知を働かせている。その三つについて書くことによって、それをなぜ選んだのかを辿《たど》ることになる。

たとえば、ゴッホ展に行って、彼の絵についてどう思ったかを書かなければならないとき、漠然と「ゴッホがよかった」と思ったでは、何も書くことはできない。

しかし、何十点とある中から自分がいいと思った作品を三点選んで、その三点についてなぜ自分がそれを選んだのかを手がかりに書いていけば、その人なりの角度からゴッホについて書くことができるだろう。

その三作品を選んだ時点で暗黙知が働いているわけで、その暗黙知を引きずり出して書いていく中で、三点の共通性がはっきりしてくる。

「選ぶ」という行為に含まれている奥深い暗黙知の働きを利用するわけである。それを言語化していくときには、右脳と左脳の橋渡しをするような快感がある。**自分の頭の中でモヤモヤしているものをはっきりさせていく**作業ともいえる。

三つを選択するというのは、何が対象であっても応用できる。たとえば、一枚の絵の感想をいうとき、その絵の中で引っかかった点を三つあげてみる。

レオナルド・ダ・ヴィンチの「モナリザ」を見て、ただ「きれいだな」と思うのではなく、その背景や手の置き方、あるいは視線に注目してみる。そうすることで、「モナリザ」が持っている世界が自分の中でクリアになっていく。

このように**自分に食い込んできたものを三つあげる**という技は、自分なりの角度をつけた文章を引き出すことになる。

ONE POINT

テーマとは関係がなさそうなのに、なぜか気になることがある。そういう違和感を見過ごしてはいけない。暗黙知からのサインであるからです。

章、節、項目を見きわめる

五枚から十枚の文章を書くのと二百枚から三百枚の長い文章を書くのとでは、同じ書く作業でも、必要とされる労力や技術に違いがある。しかし、基本の技は共通している。それは、書きはじめる前に全体を構築しておくという技である。

たとえ二百枚から三百枚の長い文章にしても、一つの項目について五枚ずつ書いていけば、四十項目から六十項目を書くと最終的にはその長さになる。

実際に一文一文書いていくのも大切であるが、それ以上に、まず書くことを前提にして、項目を抽出していく作業が重要だ。そのためには、本を例にとれば、項目をもっとも大きな区分けである章立て、次いで節立て、そして項目立てに整理していく作業が必要である。

重要なことは、**論理のグレードを間違えないこと**である。グレードが高い順に章立て、節立て、項目立てと分類し、章立ては1、2、3と分け、節は1章を①、②、③と分け、項目は①節を(1)(2)(3)というように分けていく。

たとえば、パソコンのスタートボタンを押すと、プログラム、設定などと出てくる。そのプログラムをクリックするとアクセサリ、ワードが出てきて、アクセサリをクリックするとゲーム、インターネットツールと出てくる。このようにツリー状に階層的に分かれるように構造化する。

大事なのは、何が章で、何が節で、何が項目かというツリー状の大小の構造を間違えないことである。 たとえば、これは節にはなるが、章にはなりえないといったことを見きわめていく。節に過ぎないものを章のタイトルに持ってきてしまうと、その章だけが密度の薄いものになる。

さらに、どの項目とどの項目を一つの節としてまとめられるかを考えていく。

大切なのは、**どれとどれが同列なのか、どれが重要なのかといった価値体系を大づかみにできるかどうか**である。これが構築力なのである。

こうして構成をしっかりとつくった上で、書く作業にとりかかる。

たいていの人は、こうした作業をせずに、行き当たりばったりで書きはじめてしまう。たとえば学生に、授業中、その場の二十分で「アイデンティティ」

ONE POINT

日本語による緻密な論理説明力は、数学の証明問題を、解答を見ながら的確に説明してみる訓練を続けると鍛えやすいです。

というキーワードをめぐって文章を書くという課題を出したとする。

二十分たって提出させたときに、二〜三行しか書いていない学生が何人もいる。好意的に見れば、それらの学生はあまりにも考えすぎて、書けない状況になってしまったのかもしれない。

だから、「このような深い問題について二十分で考えろ」というのはとうてい無理な話だと思うかもしれないが、これは一つの訓練なのだ。そのとき、その場の与えられた状況で、きちんと何かについて表現しなくてはならない状況はいくらでもある。

とりあえず、その限定された状況の中でまとめる力を求めているのだ。

あるいは、本題に入る前に時間が来てしまって、結局は「アイデンティティ」について本人がどう考えているのか、まったく書かれていない文章も多い。

まず、**書く前に書くべきことをメモにして抜き出して、重要度の順番を決める。**そのような**マッピング**をして、重要度の高い順番に書いていけば、たとえ途中で時間切れになっても、自分の言いたいことはきちんと表現される。

考える前に書きはじめ、書きながら考えていくという書き方は絶対にやめることである。走る前に、上空から見ておけば、その場所の地形がはっきりと俯瞰できる。そうすれば地形に沿ってムダなく走れるようなものだ。

私の論文トレーニング

書く力は、意識的なトレーニングをしなければ身につくものではない。私の場合は、とにかく論文をたくさん書いた。論文を書くことは、構築力を鍛える上では大きな力になった。

冒頭でその論文を書く狙いを要約する。さらにどういう手順で述べていくかを明確にした上で、資料を引用しながら、結論に持っていく。最初の部分を読めば、内容がだいたいわかるという書き方だ。

論文は、思いついたことをただ書きつらねるのとは違う。**書くべきこと、書かなくてはならないことをすべて洗い出して、配列し、構築してから、実際に書くという作業にかかる。**書き出すまでの作業をしっかりとやっておかなければ、内容のある論文は書けない。

ONE POINT

必要なのは、言葉と言葉の間をつなぐ力。それぞれの因果関係や優先順位などを考え、論理的な構造を組み立てる「連結力」です。

学者ならば、たいていはこういうトレーニングを積んでいる。ただし、論文を一般の読者に読んでもらうには、あまりにも文章が硬くて読みにくいので、やわらかい文章にする必要がある。

私が本を書く場合は、つねに論文でつちかってきた書く技を駆使している。その本では何を言いたいのかというメッセージを、最初に明確にする。もっとも主張したいメッセージを冒頭に持ってくる。

また、私の本は目次の章立て、小見出しの項目立てを見てもらえば、言いたいことがわかるように組み立ててある。**項目が立った時点で、ほぼ書くべき内容の構想はできあがっている。**

項目を立てて構築した時点で、書く作業のおよそ半分は終わっている。その設計図に基づいて実際に書いていくのは大変な作業ではあるが、それはすでに頂上が見えた登山のようなもので、最終目標ははっきりしている。道に迷う不安もない。

ところが、先行きどうなるか、結論もわからないという書き方では、頂上がどこにあるかわからずに、山に登るようなものである。

『読書力』（岩波新書）の構成例

項目 → 章

「読書力がある」の基準は？
社会で求められる実践的読書力
本は「知能指数」で読むものではない
「小学校時代は本を読んだけど」の謎
読書力は日本の含み資産

→ **序**
読書力とは何か

「一人になる」時間の楽しさを知る
自分と向き合う厳しさとしての読書
自分の本棚を持つ喜び
つながりながらずれていく読書
読書自体が体験となる読書

→ **Ⅰ**
自分をつくる
―自己形成としての読書

読み聞かせの効果
音読の技化
読書は身体的行為である
線を引きながら読む
脳のギアチェンジ

→ **Ⅱ**
自分を鍛える
―読書はスポーツだ

会話を受け止め、応答する
口語体と文語体を絡み合わせる
本を引用する会話
マッピング・コミュニケーション
本を読んだら人に話す

→ **Ⅲ**
自分を広げる
―読書はコミュニケーション力の基礎だ

読書感想文で三つのポイントを選ぶ練習

読書感想文が書く力のトレーニングになることは前に書いた。

自分のアンテナに引っかかった部分をはっきりさせ、それらにベスト3、ワースト3までの順位をつけてみるといい。

私が子どもたちの作文指導をするときには、その本の中で自分が何かしら引っかかった部分を、必ず三ヵ所はあげるように指示する。その三ヵ所は一文とは限らず、三〜四行のかたまりでも一段落でもいい。

三ヵ所を選択させせたら、それぞれの部分について、言いたいこと（**コメント**）**をまとめさせる。**

次に、順番を考えさせる。引っかかった部分の三ヵ所を組み合わせることで、読んだ人がその本を通じて得られた具体的なものが必ず出てくる。

三ヵ所だからこそ、その本の中でもっともおもしろい部分、もっともいい部分、いわゆるおいしいところを絞り込むことができる。**三ヵ所を切り取る練習を徹底するこ**

読書感想文（書評）トレーニング

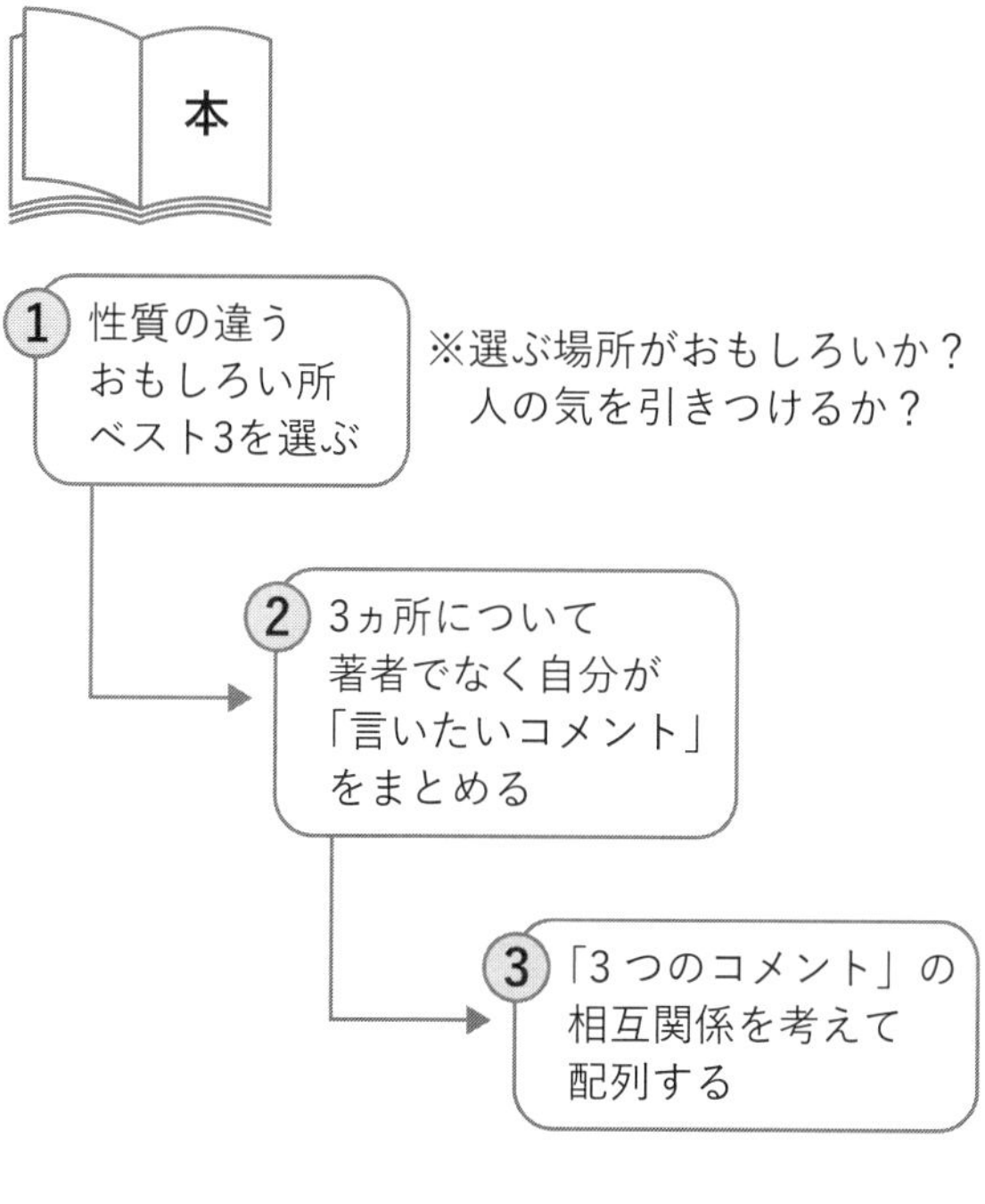
本
1 性質の違う
おもしろい所
ベスト3を選ぶ
※選ぶ場所がおもしろいか？
人の気を引きつけるか？
2 3ヵ所について
著者でなく自分が
「言いたいコメント」
をまとめる
3 「3つのコメント」の
相互関係を考えて
配列する

とによって、絞り込みのセンスを磨くこともできる。

その三ヵ所について、自分のとらえ方を過不足なく書き、順番も考えて構成することで、その本に対する見方、とらえ方が明確に出た感想文ができる。

別に子どもだけではない。大人でも「書く力」を養おうとするなら、読書感想文（あるいは書評といってもいい）を、この方法で自分に課してみることは、書くトレーニングになるはずである。

トレーニングメニュー　映画の活用

映画を分解してみよう

きちんと人に通じる、そしてオリジナリティがある文章を書くトレーニングとしてすすめたいのは、映画を見てそれについて書いてみることである。

映画を見て、いいと思えばそれをだれかに語りたくなる。**その語りたくなるエネルギーを活用して、文章で表現してみるのだ。**

映画は基本的に映像が主体であるから、まず、その映像表現を言語に換えていく時点で書くことの根本的な力が問われる。

また、映画はストーリー性もあり、二時間程度で完結しているので、書く素材として非常に適している。

ONE POINT

映像で見たことについて書く映画感想文は、現実の体験を文章にするのと近い部分があり、読書感想文とは違ったおもしろさがあります。

読書感想文などは、書く力よりもむしろ読む力が問われるものだ。正しく読むことができていれば、一定レベルのものは書ける。これに対して、映画を見て書くとなると、映像を見て感じたなんとも言えない**モヤモヤした感情を言語化しなくてはならない。これは書くという行為の本質に近い。**

何だかわからないけれど、自分の中に何かモヤモヤした何かがあるという状態がある。「書く」とは、そこに焦点を当てていく行為である。

モヤモヤしている部分に光を当てて、書き進めていく過程で、「ああ、あのモヤモヤしていたことは、こういうことだった」とあきらかにしていくのだ。

何か表現したいけれど表現しにくいことを、話すという行為で解消することもできる。だが、**書くことは、ただ解消するのではなく、それを辿っていくことで、自分のモヤモヤの謎解《なぞと》きができる。**時間はかかるが、それだけ喜びも大きい。ゲームを解く楽しみに似ている。

映画について書くことは、一度頭の中におさまったストーリー、それに対する感情を、自分の中から取り出す作業である。

ほとんどの映画にはストーリーがあるので、それをある程度客観的に語ることはできる。また、映画は娯楽性が高く、それを見て、どう感じても自由だというところがある。

本にはやはり正しい読み方といったものがあるが、映画の場合には、個人的な解釈の自由度が高い。その意味では、映画という完結した世界は千差万別の印象批評が許される世界である。

映画評論家が単に印象で批評することは許されないが、素人がその映画を見てどう感じたかは自由である。その点で、書く力のトレーニングとして、**印象批評から入る**方法もある。

たとえば、ストーリーについては割愛して、どんな場面が印象的だったか、いくつかあげてみて、それを手がかりに書いてみる。

「ここがおもしろかった」「こういう場面でこう感じた」と、映画の解釈としてはたとえ的外《まとはず》れであろうと、気楽なスタンスで書いてみる。映画について気楽に書いてみることは、あるものを素材に自分の中のものを表現する恰好《かっこう》の訓

ONE POINT

映画を観たとき、その映画に対する「１行コメント」を考える練習をすると、言葉の切れ味を良くしていくことができます。

練になる。

さらに、その映画を見ていない人にもわかるように、**ストーリーの説明を試みる。するど、客観的にきちんと表現する技のトレーニングにもなる。**

映画の場合、たしかにストーリーは重要であるが、それ以上に個々の場面の描き方、カメラアングルなどに意味があるケースが多い。映画監督はたった一カットの場面、あるいは数十秒間の描写に膨大なエネルギーを込めている。

そういう意味では、ストーリーについてはきちんと理解できていなくても、あるシーンについてだけでも、たとえば情景の印象、色の印象といった右脳的な理解からでも、十分に書くことができる。

図式的な言い方であるが、左脳的な理解がストーリー展開を理解する論理的な面だとすると、右脳的な理解は情景の印象、色の印象といった視覚的な面となる。映画については、左脳的な理解からも、右脳的な理解からも書くことができる。

本を読むことに対して拒否感を持っている人にとっての書く力をつける訓練としては、入りやすい方法である。

何に自分が反応するか

題材が何もなくて書くのは難しい。たとえ小論文でも、テーマを出されず、自由に書きなさいといわれると、何を書いていいか迷う。あるいは、特別な出来事のなかった日のことを書こうとしても、簡単には書けないだろう。

文章を書くときには、何らかのテキスト――出来事もテキストの一つである――をめぐって書くことが自然な方法である。

それが印象深い一つの体験になっていれば、いっそう書きやすい。その点、映画は、自分自身の中に食い込んでくるので、印象に残ったところを引きずり出していくと、自分なりのテーマ設定に導きやすい。

自分の中に食い込んだものがどういうものか、どういう角度で食い込んだのかを考えて記述すると、その人自身をよく表すことになる。書くことで、自分自身を確認しやすくなる。

映画は、自分という鏡がそれをどう映し出すかが見えやすい対象である。

ONE POINT
登場人物の気持ちになって考えをふくらませることで、他人の心を理解する＝「他者理解」にもつながっていきます。

自分がその映画を見て、どこをいいと思い、どこをつまらないと思ったか、そうした見方自体が自分を表している。だから、二人が同じ映画を見たとしても、後でその映画について語り合うと、共通する部分もあるかもしれないが、その見方は違うはずだ。その違いが、それぞれの内面を映し出しているのだ。

自分の関心を掘り下げる

映画でも、もっとも印象に残った三つの場面を拾い上げてみよう。そしてなぜ、その場面がよかったのかを書いてみる。最終的には、その三つをつなぐことで、自分がなぜその三つを選んだのかがはっきりして、その人の感性が明確に出てくることになる。

なぜ、その三つの場面を選んだのか、それらをつなぐラインは自分の中にある。つなぐラインを考えていく中で、自分がどうしてそれを選んだのか、考えることになる。それぞれの場面のよさを説明し論じながら、自分自身をも表現していくことになるのだ。

一つだけを取り上げると、まったくの印象批評になってしまう。「この映画のこの場面だけは忘れられない」というような受けとり方も悪くないが、それでは、映画全体を具体的に説明することは難しい。

三つ選ぶのは、監督なり脚本家なりの意図を、自分の観点・感性でくみとるということである。ランダムに選んだ三つに、多少強引であっても一つのラインを見つけて結びつけてみる。

それは、その三つを選んでしまう自分の関心のあり方を掘り下げていって、一つの言葉を見つけるという作業である。そこに一つのキーワードを見つけたときに、まとまりのあるものが書ける。

全体の中から三つ選び、そこに共通するキーワードを見つけ、まとめあげていくという方法は、すでに述べたように論文などを書く場合と同じで、いろいろなことに共通する応用可能な技である。

ONE POINT

いい映画感想文は「ポイントがくっきりした感想文」です。「この3つ！」と具体的に挙げると、読む人も、その映画が観たくなります。

第3章

「文体」を身につける

1 文体が文章に生命力を与える

主観的なことを書く

最近は、本を読むのは嫌いだけれど、書くのは好きだという人が多い。小説雑誌の文学賞には、その雑誌の購読者数よりはるかに多い応募者が押し寄せるという。

本をほとんど読まないのに小説が書けると思っている人の中には、自分が特殊な体験をしたから書けると思っている場合もあるだろう。

しかし、**自分にとっては意味のある体験かもしれないが、それがほかの人にとってもそうかといえば、そうではない場合が多い。**

たとえば恋愛経験にしても、当人にとってはとてもドラマチックな体験であっても、ほかの人たちから見れば、どのような恋愛であろうと、世の中にありふれたものとしか映らないだろう。

個人の体験は、本人にとってはたしかに価値がある。しかし、それを書くことによって定着させ、他人に読む価値のある文章にするのには、非常な技術がいる。

小説やエッセイを読んで、「このくらいなら自分も書ける」と思う人は、他人に向けて書くことと自分に向けて書くことの大きな違いがわかっていない。

平易な言葉で書かれて人気を博している最近の小説やエッセイは、個人的な体験をそのまま主観的に書いているように見えるかもしれない。しかし、評判を呼んでいる小説やエッセイは、個人的な体験に見えながら（実際に個人的な体験をもとにしていても）、テーマ、構成、文章表現の工夫などが凝《こ》らされていて、多くの人の共感を呼び起こす普遍性が込められているものだ。

他人がその文章を読んだときにおもしろいと感じさせる力、文章の魅力、個性などが、生命力だ。よい小説、エッセイには生命力がある。

この生命力は「**文体**」から生まれてくる。しっかりと構築された文章が書け

ONE POINT

ひとつの出来事を俯瞰し、ほかの場合にも当てはまるような法則や教訓を導き出してまとめることで、含蓄のある読ませる文章になります。

るようになったら、次は**文章に生命力を持たせる「文体」を身につける段階である。**

文体は構築力の上に築かれる

内容はたいしたことを書いていないが、文体で読ませるという文章もある。文体は、文章の大きな構成要素である。**文体は書く人の立ち位置を示すもの**といえる。

たとえば、大根役者で演技が下手でも、役者としての**存在感**で見る人を楽しませ、圧倒させる人がいる。どんな役を演じてもいつも同じで、その人でしかないのだが、それでも通じてしまう。演技は下手でも、その役者自身のスタイルが身についているからだ。人は、最終的にはスタイルを楽しむところがある。

演技がうまい役者でも、存在感が希薄だと役者として通じず、いつのまにか消えてしまうことがある。そういう人はどう演じるかという演技の構築はできていても、存在感がない。それは、自分の立ち位置を確立していないからである。役者は演技のうまい・下手だけではない。存在感が希薄だと、もたないことがある。

存在感とは、その人がその人なりのスタイルを獲得しているかどうかにかかってい

る。そのスタイルが、その人の生命力を感じさせるのだ。

「演技力」は、書く力でいえば「構築力」に匹敵する。これは基礎的な力であって、まず役者に必要とされるものだ。だが、それ以上にスタイル、すなわち存在感が、その役者の魅力になる。このスタイルが書く力でいう「文体」である。

たとえば、木村拓哉《きむらたくや》は、どんなドラマに出てもキムタクそのものである。演技力がまるでないとは言わないが、演技してその役になりきるというより、いろいろな役柄を演じるキムタクを、見る人が楽しんでいる。つまり、木村拓哉は自分のキャラクター、スタイルを確立しており、それが彼の存在感を際立たせているのだ。

歌手やモデルでも、個性のあるタレントが役者に移行しやすいのは、その人なりのキャラクター、すなわち存在感があるからであって、演技力はやっているうちに身についていく。

書く場合はそれとは逆で、役者でいう演技力である「構築力」がまず問われ

ONE POINT

自分はいったい何者なのか。どんな立場で文章を書こうとしているのかを事前に明らかにしておくことも、文章を書きやすくする準備になります。

る。中味がなく、ただ文体や文章のおもしろさで読ませるだけでは、いずれ読者に飽きられてしまう。だから、構築力をつけていかなければ、プロの書き手として長もちするのは難しい。

文体は個性に左右されるので、訓練だけで身につけるのは難しい。**構築力は訓練次第でだれでも身につけることができる。**だから、書く力を身につける場合には、まず構築力を身につけることが早道なのだ。文体を身につけるのは、その次の段階になる。

生命力は文体ににじみ出る

いい作品を読んでみればわかるが、構築がしっかりしていて内容があるだけではなく、細部に生命が宿っている。つまり生命力がある。

レポート、白書、報告書などには、生命力まで必要とされることはない。内容がきちんと伝われればいい。しかし、プロのもの書きの文章となると、それだけでは十分ではない。内容はもちろんのこと、細部に書き手の感性、息遣いが感じられるものでなければ、読み手に印象を残さない。

いい文章とは、細部に生命力が宿っているかどうかによって決まる。

同じ内容のことが書かれていても、書き手によって読者に対する訴求力がまったく違ってくるのは、この生命力の有無による。

生命力は、文体によって大きく左右される。文体には書き手の感性が出てくるからだ。自分に向き合い、自分を探るという感覚を持っているか、事務的に書いているか、読み手を意識してサービス精神で書いているかによって、文体もまったく違ってくる。自分に向き合う感じがこもっていると、文体に生命力が宿る。

生命力と構築力

書くことを図式化すると、一つには**だれにも見せない日記のように、対自分——自分に向けてだけ書かれたもの**がある。その対極にあるのが、**白書のように、まったく自分がなく、対他人に向けられた文章**である。

この二つの領域を生命力系と構築力系とに分けることもできる。

ONE POINT

読み手が「いい文章だな」と思うのは、技術的に優れた文章というよりも、書き手の体温が伝わってくるような文章です。

どちらの領域にも、質のいいものと悪いものがある。両方の領域にまたがっているよい例の一つが、自伝であろう。

自伝とは、人に向けて自分のことを語るのだが、単に自己満足だけの文章では、人に読んでもらうことはできない。語るべき内容があり、しっかりした構築がなされていなくては読むに耐えるものにならない。

対他人の意識のない自伝は、自分のその場その場の感情を吐き出すだけで、構築がなされていない。それでは、その人がどう感じていたのかという生命力が十分に読み手に伝わらない。

生命力を読み手に伝えるためには、そこに構築が必要だ。**自己に埋没してしまうと人には伝わらない。**そのバランスが難しいところである。

実際にはなかなかわかりにくいだろうから、例をあげてみよう。

美輪明宏《みわあきひろ》の自伝『紫の履歴書』（水書坊）の冒頭の部分は、自分が生まれた環境がどのようなところだったのか、当時の長崎の町を描写しながら、きちんと自分と向き合って、美輪明宏という存在をくっきりと示す生命力あふれた文章である。

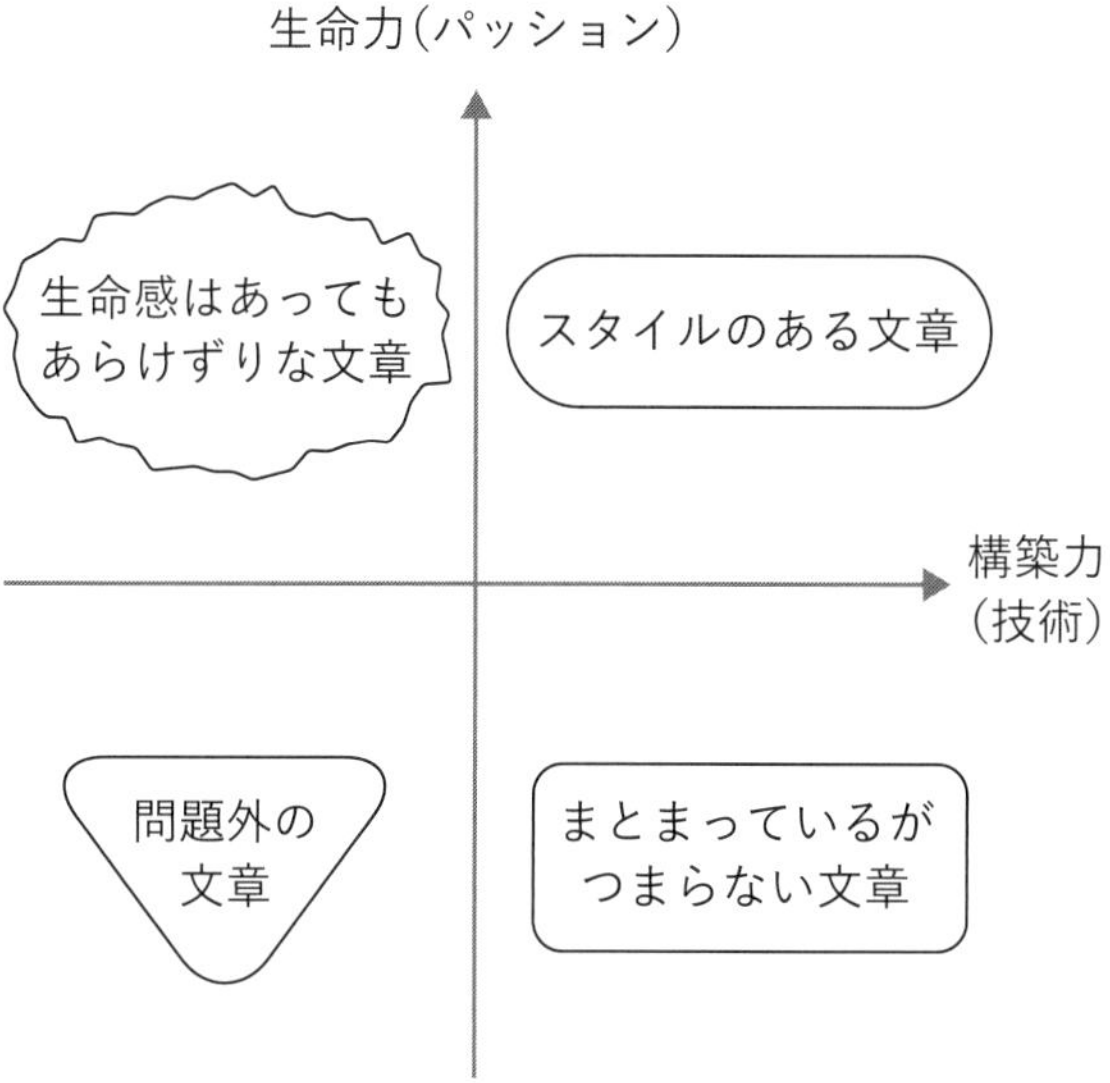
生命力(パッション)
生命感はあってもあらけずりな文章
スタイルのある文章
構築力(技術)
問題外の文章
まとまっているがつまらない文章

私は九州長崎市に生まれ、十五の年までそこで育ちました。

竹久夢二《たけひさゆめじ》の長崎十二景の絵さながらに、港あり、丘あり、山あり、川ありで、その中にイスパニヤ、ポルトガル、オランダ、オロシア、支那《しな》、朝鮮、英米国人と、さまざまな国の人々を遠い祖先に持つ人々が、その面影を残した容姿や性癖、習慣で、それぞれが幻のように生活《くら》しておりました。

また、その町並みや家造りの風情は、日本風でありながら、そうではなく、そうかといって世界のどこの国のものでもない一種独得の町……そう、ちょうど、東洋と西洋の神様の間に生まれた気分屋の女神のような市でした。

昭和十年ですから、まだ、世界大戦の前で衣食住も豊かで、ロシアケーキ、支那餅《もち》を筆頭に上海《シャンハイ》の方から送られてくる、さまざまな品物で町は賑《にぎ》わっていました。

当時、カフェーや料亭などをやっておりました私の家では、島原や天草《あまくさ》あたりから出て来た女中や女給にまじって、白系ロシアや混血児の女給達もおりました。

天主堂や丸山遊廓《ゆうかく》も石畳も無事だった頃《ころ》で、その趣《おもむ》きは古い歴史を台座に美しく宝石をちりばめたようでした。町の中には、まだ昔ながらの古い建物があって私の家の隣は南座という劇場で、ドサ廻りの芝居からレビューや歌舞伎、それに日本映画からフランス映画とあらゆるものをやっていました。（中略）

水商売の中で育った私は、幼な心に男女間の醜《みにく》い駆け引きや争いを分別するようになり、自然と孤独癖のある耽美《たんび》主義に逃避しようとする子供になってしまいました。

（『紫の履歴書』）

『チャップリン自伝』（新潮文庫）もそうだが、すぐれた自伝は写真がきちんと配列されているかのように内容が構築されている。**出来事や情景が目に浮かぶように描写され、生命力に満ちている。**意味内容と生命力のバランスのとれた文章の見本といえる。

ONE POINT

書くということは、書き手の感覚を文章に凝固していくようなものです。生命力を一文字一文字に結晶させていく作業なのです。

長編小説などは、当然、物語としてきちんと構築されていなければならない。それだけでなく、一つひとつのシーンに生命力があふれているかどうかが問題になる。**それは経験知、暗黙知がうまく表現に生きているかどうかにかかっている。**トルストイの『戦争と平和』（新潮文庫）は、そんなすばらしい小説の代表で、物語の構成がしっかりしているだけでなく、一つひとつのシーンが生き生きとしていて、まさに眼前に浮かび上がってくる。一瞬の情景を言語化したときに、表現として凝結《ぎょうけつ》させるのが、書く力である。

音読すると文章の生命力がわかる

読む力が土台にあって書く力がある。これが書く力と読む力の関係である。

当然、数多く本を読んでいる人と、ほとんど読んでいない人の文章は違ってくる。読んでいる人のほうが、書いたものに蓄積されたもの（外部テキスト）が、どういう形であれ、情報として多く詰まっている。本をあまり読んでいない人は、自分の考えだけを書きつらねることになり、それ以外の情報がない。

さて、その文章がいいかどうかは、声に出して読んでみるとよくわかる。文章が捩《ねじ》れずに流れているかどうかがよくわかるからだ。

声に出して読んでみればわかるが、会話が陳腐《ちんぷ》で恥ずかしい小説も少なからずある。これは文体ともかかわるが、生命力がないからである。**生命力があるかどうかは、声に出してみると、さらにはっきりする。**

書くことは、書き手の感覚を文章に凝固《ぎょうこ》していくようなものである。つまり、生命力をそこに結晶させることになる。そうした感覚は、自分でただ書いているだけではなかなか身につくものではない。

ただ書くだけではなく、同時に多くのいい文章を読むことで修練していくことができる。また、声に出して読んでみることで、書かれている文章の生命力を感じとることができ、生命力を身につけることもできるのだ。

対自分の文章と対他人の文章の違い

書くという行為は、普通は他人に向けて行うが、自分に向けて書く文章もあ

ONE POINT

本を声に出して読む「音読」によって、文章における音楽センスのようなものを感覚的に身につけることができます。

る。他人に見せることがない日記のようなものは、自分だけに向けて書くものだ。**自分に向けて文章を書くのは、自分の中を探っていく行為である。**それは、言葉を頼りにして自分の感じていることを鮮明にしていく作業でもある。

何か大事なことをつかめた気がするのに、どうもはっきりしないというようなときに、書くことで、それをよりはっきりさせることができる。ボヤーッとした像しか浮かんでいないものを、書くことによって焦点をはっきりさせるフォーカシングである。

自分の考えといっても、それは流れている水のようにはっきりした形はない。そのままにしておくとつかまえにくく、時間の経過とともに忘れ去ってしまう。それを書くことで定着させる。はっきりととらえられる形にしておく。それによって一度離れて自分を眺めることができる。

これは、対他人に向けて書くという行為、すなわち構築することとは違う。

普通は書くという場合、他人に向けて書くことが前提になっている。ところが、この他人に向けて書くことを、意識していない人が多い。だから、自分のために書くことと区別がつかず、意図の曖昧な文章になってしまう。

日記のように自分に向けて書く場合と、きちんと他人に見せるために書く場合とを、意識して明確に区別する必要がある。対自分の文章であったら、装《よそお》う必要はない。書くことで自分をどんどん裸にしていけばよい。しかし、他人に見せる文章なら、きちんと装わなければならない。**書きはじめる前に、自分に向けて書く文章なのか他人に向けての文章なのかを、明確に意識することが必要である。**

注意したいのは、自分に向けて書く文章が自分の中の欲求不満などを吐き出す排泄《はいせつ》行為になりやすいことである。他人に読まれることがないので、そこに自分の日頃の思い、鬱憤《うっぷん》や不満を思い切り吐き出すことはできる。しかし、そういう文章を創造的なものに結びつけることは難しい。

ONE POINT

誰かに語りかけるように書くと、自分ひとりの世界で書いているときよりもずっと、言葉がスラスラと引き出されてくることがあります。

2 文体は立ち位置で決まる

文章の身体性とは何か

「文体」という言葉は、文の体と書くように、身体性とかかわってくる。人の体を見たり、触ったりすると、その人がどういう体つきかわかる。文章にも、そういう体がある。

この人の文体とあの人の文体は違うという感触は、別に文章の達人でなくてもわかる。**文章に、書いている当人の体の雰囲気が流れ込んでいるような感じがする。**

太宰治の『走れメロス』の文体は、一つひとつの文が非常に短く、歯切れのいい文体である。読んでいるときに、それを書いているときの太宰治のリズミカルな身体性が読み手の体の中にまで流れ込んでくるような感じがする。

日没までには、まだ間がある。私を、待っている人があるのだ。少しも疑わず、静かに期待してくれている人があるのだ。私は、信じられている。私の命なぞは、問題ではない。死んでお詫《わ》び、などと気のいい事は言って居られぬ。私は、信頼に報いなければならぬ。いまはただその一事だ。走れ！　メロス。

（『走れメロス』）

どうだろうか。たたみこむような文体が緊迫感を盛り上げているのがわかるだろう。読者にとっては、「作者のいちばん大事なものが伝わってきた」という感じがするわけである。

それは文末が「だ」「である」か、「です」「ます」かといった違いを大きく超えている。ここでいう文体とは、文末がどう違うかなどではなく、文章全体にかかわることである。

ONE POINT

これぞと思った文章は音読する。声に出して読むことで、文章の生命力をよりしっかりと感じ取り、自分のものとすることができるのです。

文体を深く感じとる感性を磨くと、読む力も書く力も飛躍的に伸びる。音楽にたとえれば、同じ曲でも演奏者によってまったく違う。その違いがわかるようになると、音楽を聴く喜びも深さも変わってくるのと同様だ。

つまり**文体とは、演奏者の個性のようなもの**といえるだろう。

自分の立ち位置を意識する

文体を持っている人は、自分の立ち位置を明確に意識している。あるときには架空の読者を想定して、その人に語りかけるという意識で書く人もいる。

自分の立ち位置をはっきりさせないと、書きにくいのだ。たとえば、自分が世の中に対して外《はず》れ者というポジションをとって、その立場から人に語りかけると決めれば、それはそれで書きやすい。自分がどういうポジションかわからずに書くのは、非常に曖昧で書きにくい。

世の中や他人と自分がどういう関係、どういう距離感で書くのかは、大きな問題だ。

笑いをとるような文章を書くのは、その人が世の中の人から滑稽《こっけい》に見えるようなポジションどりをしているのである。それはそれで芸が必要な書き方である。逆に、世の中の人にもの申すという、自分がちょっと人より高い立場からものを見ているという書き方もある。

このように**自分の立ち位置をどこにとるかで、文体は違ってくる。**人によっては、読者に説教するという立場をとると書きやすい人もいるだろうし、逆に自己卑下《ひげ》のスタイルをとると書きやすい人もいるだろう。あるいは、ドライな感覚をとるか、ウェットな感覚をとるか、軽いほうが書きやすい人もいれば、重いほうが書きやすい人もいる。

小説などの場合には、三人称で書くのと一人称で書くのとでは、はじめからポジションが明確に違ってくる。

村上春樹《むらかみはるき》の小説はほとんど一人称で書かれているが、『海辺のカフカ』では、「カフカ少年」の部分は一人称で書かれ、「ナカタさん」の部分は三人称で書かれている。その二つの世界が交互に描かれて、物語が進行する構成になっている。意識的に人称を使い分けることで、複数のポジションをとったスタイルの

ONE POINT

「私は○○の立場ですが」などとことわってから書き始めると、論点が整理しやすくなるはずです。読む側にとっても説得力が増すでしょう。

小説を試みている。

たとえば、『海辺のカフカ』の一人称で書かれている第5章の冒頭と、三人称で書かれている第6章の冒頭を見てみよう。

バスが瀬戸内海にかかる巨大な橋を渡るところを、眠っていて見逃してしまう。地図でしか見たことのないその大きな橋を、じっさいに目にするのを楽しみにしていたのだけど。誰かが僕の肩を軽くつついて起こす。

「ほら、着いたわよ」と彼女は言う。

僕は座席の中で身体をのばし、手の甲で目をこすり、それから窓の外を眺める。

(中略)

彼女は疲れきった声で言う。「ああ、長かった。腰がどうにかなってしまいそう。首も痛い。夜行バスになんかもう二度と乗らない。少し値段が高くても飛行機にする。乱気流があろうと、ハイジャックがあろうとぜったいに飛行機に乗る」

僕は頭上のもの入れから彼女のスーツケースと自分のリュックを降ろす。

「名前はなんていうんですか?」と僕はたずねてみる。

「私の名前のこと?」

「そう」

「さくら」と彼女は言う。「君は?」

「田村カフカ」と僕は言う。

「田村カフカ」とさくらは反復する。「変わった名前だね。覚えやすいけど」

僕はうなずく。べつの人間になることは簡単じゃない。でもべつの名前になることは簡単にできる。


(『海辺のカフカ　上』第5章)


「こんにちは」とその初老の男が声をかけた。

猫は少しだけ顔をあげ、低い声でいかにも大儀そうに挨拶《あいさつ》をかえした。年老いた大きな黒い雄猫だった。

ONE POINT

自分の中にある思考や感情を的確に表現できる言葉を探し、文章を連ねる。書くことで、曖昧模糊とした物事を深く捉える力が磨かれます。

「なかなか良いお天気でありますね」
「ああ」と猫は言った。（中略）
猫はどうしたものかと少しのあいだ迷っていた。それからあきらめたように言った、「ふん、あんたは……しゃべれるんだ」
「はい」と老人は恥ずかしそうに言った。そして敬意を示すように、よれよれになった綿の登山帽を頭からとった。

（『海辺のカフカ　上』第6章）

第5章冒頭は、「カフカ少年」が、高松行きの高速バスで知り合った「さくら」に「田村カフカ」と名乗る場面である。第6章冒頭は、「ナカタさん」が猫と話せるという特殊な能力の持ち主であることを描いた場面である。
これだけでは、文体そのものの違いはわからないかもしれないが、**一人称で書くときには、その人物がかかわったことだけしか書けない。三人称で描けば、その人物がかかわったこと以外の出来事も自由に書ける。**

「ナカタさん」が主人公として登場する偶数章では、「ナカタさん」と行動を共にする「ホシノさん」というトラック運転手が登場する。「ナカタさん」が死んだ後、「ホシノさん」の視点から、こう語られている。

ナカタさんは死ぬことによって、やっと普通のナカタさんに戻ることができたのだろう、と青年は感じた。ナカタさんはあまりにもナカタさんでありつづけたから、ナカタさんが普通のナカタさんになるには、死ぬしかなかったんだ。

（『海辺のカフカ　下』第44章）

この表現は、「ナカタさん」の一人称では文章にすることはできない。三人称で描くことによって、はじめて書くことができたといえる。

このように、書くときに自分の立ち位置をどこにとるかによって、書き方は大きく違ってくる。そこに文章の身体性、すなわちその人の個性が大きく出て

ONE POINT

優れた表現に触れることで認識力がつちかわれ、誰もが見知っているものを、独自の言葉で表現することができるようになるのです。

くるところでもある。

自分に適した立ち位置を見つけるのは、なかなか難しいことである。文章を書くとき、そんなことはたいていの人がほとんど意識していない。

自分の立ち位置をどこに定めるのか、もう少し意識してみると、書く方向が決まってくる。自分はどういう立場からどういう読み手に向かって語りたいのかを、明確にしてみることである。

自分のポジションを決める

文体とは、書き手がどういうポジションで書いているかという立ち位置で決まる、と述べた。

たとえば、お座敷遊びの世界で、男芸者とも呼ばれる「太鼓持《たいこも》ち」という存在がある。太鼓持ちが旦那《だんな》を「最高でげすな」と持ち上げる。この「げすな」という言い方で話しやすくなる。自分を低くして人をおだてるというポジションを、この言葉でとることができるからだ。ちなみに太鼓持ちの正式名称は「幇間《ほうかん》」で、人と人の間を助けるという意味がある。谷崎潤一郎《たにざきじゅんいちろう》の『幇間』という短編は、人間の深みとおかしみを描いた名作だ。立場をあえて幇間に置きたい男の目線がいい。

このように自分のポジションが決まると、話しやすいし、書きやすい。逆に、自分のポジションが定まらないと書きにくい。

だから、自分が新聞記者になったつもりで書くというように、**自分がどういう立場に立つかを仮定して、書いてみることは有効な練習になる。**

ポジションをどう定めるかが文体に出る。世界に対するポジションの取り方、読者へのポジションのとり方は、突き詰めれば、自分自身とどういう距離を保つかということでもある。

自分自身をある程度離れたところに置いて書ける人の文章と、主張そのものがその人そのままというのでは自ずと違いが出る。

自分自身との距離感、世界との距離感、あるいは読者との距離感などが、文章にはそのまま表れる。そこが書くという行為の恐ろしいところでもあり、すばらしいところでもある。

ONE POINT

読書によって得た情報や思考を咀嚼し、自分の中で再構築していく。その作業が、個々人の人間性の深みをつちかっていくことになります。

ことに小説を書く場合には、このポジションをどうとるかが大きな問題になる。たとえば、**一人称で主人公を書くのと、三人称で主人公を描くのとでは、ポジションどりがまったく違ってくる。**

ドストエフスキーの『罪と罰』は、もともとは、作者が主人公・ラスコーリニコフの一人称で書こうと計画していた。すると、一人称で見えることしか表現できなくなってくる。つまり各登場人物の分析は、主人公の視点からしかできなくなる。そこで、三人称で書くことにした。すると、主人公だけが特別な存在ではなくなる。ラスコーリニコフ以外の人物も、対等な立場で成立する。そういう第三者的な視点から描写してはじめて、あれだけ多くの意味が多重的に込められた小説世界が成立したのだ。

村上春樹の場合には、前述したように「僕」という一人称で書かれた小説が多い。読み手は「僕」と村上春樹のイメージをどこかで重ねて読むことになる。それが村上春樹の独特なポジションどりにもなっている。

村上春樹は「人称のポジションどり」について、こんなふうに語っている。

ここ（筆者注・『神の子どもたちはみな踊る』）でも僕がいちばん意識したのは、文体の問題です。今度は全部三人称で、いろんな文体で、ワンテーマで、それぞれにまったく異なった種類の物語を書いてみることにした。それをひとつにまとめて「コンセプト・アルバム」みたいにしようと。僕はこれまでだいたいにおいて一人称で物語を書いてきたから、三人称の経験ってあまりないんです。でもとにかくやってみようと思った。どうしてそう思ったかっていうと、いろんなボイスが組み合わさった長編小説をこの先書くためには、三人称を有効に使う必要があったからです。もちろん一人称だけでもそういうことはある程度できるんです。そのへんは純粋にテクニックの問題だから。でもね、もうひとつ小説のスケールを大きくするためには、ボイスの多様化というのはどうしても避けて通れない問題だった。

（『少年カフカ』）

ONE POINT

自分をアピールする文章には、巨視的な視点と個としての視点が求められます。二つの視点を持って思考しているかどうかが問われるのです。

立ち位置を変えると、文体が変わることは、すでに例示した『海辺のカフカ』の奇数章の田村カフカ少年の「僕」という一人称で書かれた文体と「ナカタさん」を主人公とする偶数章の文体を読み比べてみると、よくわかるのではないか。

書く訓練としては、まず一人称で書くのか、三人称で書くのかといったポジションのとり方を練習してみるといった方法もある。

3 オリジナルな文章を書く

立つ位置で構築の仕方が変わる

話すときには目の前に相手がいるので、自分と相手との関係や距離感は、はっきりしている。たとえば、子どもに向かって話すときと会社の同僚に向かって話すときとは、自分の立場——立つ位置は当然違い、相手によって話し方もまったく違ってくる。つまり、相手によって自分の立ち位置を意識せざるを得ない。

書くときに難しい一因は、だれに向かって、自分がどのような立場で書くのかが明確になっていないときだ。普通はそれを意識しないので、自分の立ち位置を決めるのが難しいのだ。

ONE POINT
事実と自分の感想を混ぜて書かない。判断には、必ず理由を付ける。事実と判断をきちんと区別した透明度の高い文章を書く練習が大切です。

「皆さん」と呼びかけても、その皆さんとは、どういう人たちを想定しているかがわからない文章は多い。

文章を書くとは、まず構築して、あとはいかに自分の立ち位置を押し出していくかということである。つまり、構築力と文体が重要になる。構築力だけでは、自分自身の味わいが出にくい。同じキーワードで文章を書いてみても、みんなが違う文章になる。そこにそれぞれの文体が出るのだ。

また、立ち位置によって構築の仕方が変わってくることもある。

たとえば、私の『読書力』（岩波新書）という本では、「**読書はスポーツだ**」というキャッチフレーズを先につくった。そこに私の立ち位置が明示されている。この本では、立ち位置を優先した構築の仕方になっている。

立ち位置によって、文章は大きく変わる。

たとえば、紀貫之《きのつらゆき》の『土佐日記』は、「男もすなる日記といふものを、女もしてみむとてするなり」と書きはじめ、女性の文体で書くことを明確にしている。ここにおいて、男である筆者の立場から書くときとは、立ち位置が大きく違ってくる。必然的に独特な文体が生まれている。

立ち位置とは、ポジショニングといってもいい。はじめにポジションをはっきりと決めると、それにしたがって文体も変わってくるし、構築の仕方も変わってくる。

たとえば、「俺はこんなに偉いんだ」とか、「俺は豪快な人物なんだ」というポジションを最初に定めて、それで押していく書き方もある。そうすると、読者に教えてやるといった文体になる。

書きやすい立ち位置を見つける

オリジナリティを出すためには、**自分が書きやすい立ち位置を見つける**ことが、大切である。

ときに作家気分で書いてみる、あるいは官僚になったつもりで書いてみる、新聞記者になったつもりで書いてみるというように、自分が何かになったつもりで書いてみるのも一つの方法である。

ONE POINT

書いているうちに文脈があちこちに蛇行しないよう、最初に、最終ゴールとなる一文を決めてしまえば、安心感を持って書き進められます。

自分を出すことが苦手な人は、論文のように論理構成だけで書けるものを書いてみる方法もある。論理構成が苦手だというのなら、一人称のスタイルを使って、小説的に書いてみてもいい。

作家にもいろいろな文体がある。たとえば、ドストエフスキーはある程度、客観性のあるリアリズムもあるが、むしろ人間の内部世界の深いところまで踏み込んでいく描写が主である。それに対してトルストイのリアリズムは、自然の描写やだれがどうしたというようなことを非常に鮮やかに描写していく。

私たちが書くといったときに、ドストエフスキーやトルストイのレベルをめざす必要はない。高度に練り上げられた文体――立ち位置（ポジション）を持つというレベルではなく、**どうすれば、自分が書きやすい立ち位置を持つことができるかを見つける**ことである。

一つのトレーニングとしては、ある作家でも思想家でもいいが、自分の好きな人の作品を毎日のように読んで、その世界に浸《ひた》り、文体から思考様式まで真似るやり方もある。

この場合は、時間にゆとりがあって、ある時期、集中的な訓練を積むと効果が出る。社会人にとっては時間的に難しいトレーニング方法ではあるが、学生のように自由な時間があれば可能だろう。

主観と客観のバランスをとる

オリジナリティを出す場合、何かについて語る部分と自分について語る部分を、いかに配分して書くかが問題になる。

官僚の報告書などのように、自分をまったく排除して何かについて書くもの――まったくオリジナリティを排除するもの――もあるし、その反対に、私小説のように、作家が自分の考え、体験についてのみ語るものもある。

普通は、その主観と客観のバランスをとってものを書く。何かについて書くと同時に、自分とはどういう人間であるかを表現していく。そのバランスが問題になる。

自分をそのまま語ることはかなり難しい。それに比べて、何かについて語る

ONE POINT
一時期、浴びるようにある作家の作品に触れると、その文体が乗り移ってきます。文章のリズムや表現力が身体に染み渡ってくるのです。

形で自分を表現していくことは、その何かが自分にどう食い込んできたかを示すことによって、自分が出てくることになる。たとえば映画について、印象に残った場面、せりふなどを、自分がどう見たか、どう感じたかを書くことで、自分を表現する切り口になる。

書くことの原点には、感じる、考えるということがある。感じる、考えることがなければ、書くモチーフを持つことができない。感じる、考えるためには、対象がなければならない。その対象も自分が興味を持てる、おもしろいものがいい。対象が、自分にどう食い込んできたのかをはっきりさせていく。それが書くことにつながる。

ただ漠然とよかった、おもしろかったでは、書くモチーフにならない。「おもしろかった」という一言で終わってしまう。どの点がどう自分にとっておもしろかったのか、そこから書きはじめれば、角度のあるものが書ける。

つまり、**ある対象に自分が食い込まれた受動的な感覚を、書くときには自分がその対象を切るという能動的な感覚に反転させる**のだ。

取捨選択することで頭を高速回転させる

文章を書くには三つのキーワード、キーコンセプトを探すことが大切だと、何度か述べた。なぜ、その三つを自分が選んだのか、それぞれについて考えて、さらに**三つをつなげる共通のものは何か**を考えていくことによって、はじめて自分独自のものを書くことができる。

どんな対象に対してもそうした視点を持てば、コメント力が飛躍的に向上する。「おもしろかった。つまらなかった」というだけの感想から抜け出ることができる。

何かについて語らなければならないとき、たいていの人は、具体的に語ることができない。単に「よかった」「悪かった」、「おもしろかった」「つまらなかった」と片づけがちだ。

しかし、**何がよかったのか、おもしろかったのか、三つあげることによって、具体的に語ることができるようになる。**どれを選ぼうかと考えているときの頭

ONE POINT

「すごい」を口にしようとしたとき、「具体的には何がすごいのか？」と問いかける。考えを整理して、別の言葉で言い換えてみましょう。

の作業が重要なのである。

そのとき、頭は高度に取捨選択をしている。その取捨選択したときの過程を書けばいいのである。自分はなぜこれを選んだのかという確認作業をすることで、書くことができるはずだ。

書くことは、ビデオフィルムをゆっくり回すようなものだ。書く行為は話すことと比べても、スピードとしてはスローな行為になる。まして頭の回転に比べたら、とてもゆっくりであろう。その頭の回転する様《さま》をスローモーションで見直しながら、書いていけばいいのである。

人は普段、映画や絵画を見ているとき、必ずしも頭の中でフィルムを高速で回していない。それが、「どの三つを選択するか」と問いを発した瞬間に高速に回り出す。答えが出るまで一分かかったとしたら、その一分間で頭の中は高速回転している。**書く行為は、その思考回路をスローにして、もう一度見直すという作業になる。**

だれでも、頭の中が一瞬高速回転するときがある。高速回転したときの考えは、逃げる魚を素早く捕まえるようにとらえないとさっと消え去ってしまう。普段は、何気なく通り過ぎてしまうものだ。

自分の中で高速回転している頭の動きを意識できるようになると、こんなことを考えていたのかと、自分でもびっくりするようなことを思いついていたり、考えていたりしていることがわかる。それを自分で意識化できるようになると自信につながる。

アレンジ次第で文体は変わる

たとえば、アイディアがある程度同じものだったとしよう。その同じアイディアで三人に文章を書かせると、書かれたものはまったく違うものになる。主張は同じようでも、大きく違ってくる。それが文体の違いといえる。

内容は変わらないのに文章が違うのは、同じ曲でもアレンジ次第で曲の雰囲気が変わってくるのと同様である。

絵画にたとえるなら、たとえば裸婦という同じテーマでも、画家が違えば、まったく違う作品になる。同じモチーフの絵を比べてみると、その画家のスタ

ONE POINT

「おもしろい」「やばかった」など自分の頼りがちな言葉を言い換える思考の癖をつけておくと、語彙に対するアンテナが高くなります。

イルの違いははっきりしてくる。

たとえば、ルノアールとセザンヌが同じ場所で並んで描いた風景画を見ても、これが同じ風景かと思えるほど違った作品になっている。音楽の場合でも、同じ曲の演奏を聴き比べてみれば、演奏家のスタイルの違いははっきりしてくる。

文章の場合は、絵や音楽のように、そのスタイルの違いがそれほどはっきりとわかるわけではない。絵画のように同じ対象を描く、音楽のように同じ曲を演奏するというように、同じ内容を文章にすることはほとんどないからだ。

しかし、まれにそういう作品がある。たとえば、『源氏物語』は何人もの作家が現代語訳に取り組んでいる。古くは与謝野晶子《よさのあきこ》、谷崎潤一郎《たにざきじゅんいちろう》から、現代では橋本治《はしもとおさむ》、瀬戸内寂聴《せとうちじゃくちょう》まで。同じ内容であっても、それぞれに特徴がある。それが**スタイル**である。

ことに橋本治の『窯変《ようへん》 源氏物語』は、主人公の光源氏《ひかるげんじ》を語り手にして思い切った現代語で書かれていて、ほかの現代語訳とは大きくスタイルが違う。光源氏誕生の部分を谷崎の訳と比べてみよう。

そのうちに、前《さき》の世《よ》からのおん契《ちぎり》が深かったのでしょうか、またとなく清らかな、玉のような男御子《おとこみこ》さえお生れになりました。帝は早くお会いになりたくて、待ちきれなくおなりなされて、急いで呼び寄せて御覧になりますと、珍しい御器量のお児《こ》なのです。

（谷崎潤一郎『潤一郎訳　源氏物語　巻一』）

その更衣と帝とは、前《さき》の世にも契ることは深くあったのであろう。やがて、女は身籠《みごも》ることになった。それまでに幾多の心労もあったではあろうがしかし、女は遂に身籠った。

その女とは、私の母である。
その女と帝との間に生まれた玉のような男御子《みこ》――それが私だった。
女は身籠り、玲瓏《れいろう》玉の如しと言われる、麗《うるわ》しい器量の男子を産んだ。

ONE POINT

読んだ一冊から次に読むべき本を探る。芋づる式に読んでいくと蜘蛛の巣ができるように、知識のネットワークも太く大きくなっていきます。

さざ波立つ後宮に産み落とされた更なる緊張――それが私の最初だった。

（中略）

帝は我が子の顔を見ることも能《あた》わず、今か今かと対面の時を待ち遠に思われた。更衣が未だ産褥《さんじょく》の床にあるその内、急ぎ赤子ばかりを宮中に参内《さんだい》させお目にかければ、珍しいばかりの子供の器量ではあったと。

（橋本治『窯変　源氏物語　1』）

同じ場面でも、その解釈、描き方によって大きく違ってくることが、両者を比べるとよくわかるのではないだろうか。

また、芥川龍之介の有名な作品『羅生門《らしょうもん》』は、『今昔物語集《こんじゃくものがたりしゅう》』の話を下敷きにしたもので、原文はもっと短い。芥川の場合は、非常に力のある文章で細部を膨らませている。

盗人、怪《あやし》と思て連子《れんじ》より臨《のぞき》ければ、若き女の死て臥《ふし》たる有り。其の枕上《まくらがみ》に火を燃《とも》して、年極《いみじ》く老たる嫗《おうな》の白髪《しらが》白きが、其の死人《しにん》の枕上に居《い》て、死人の髪をかなぐり抜き取る也けり。

（『今昔物語集　巻二十九第十八話』）

下人の眼は、その時、はじめて、その屍骸の中に蹲《うずくま》っている人間を見た。檜皮色《ひわだいろ》の着物を着た、背の低い、痩《や》せた、白髪《しらが》頭の、猿《さる》のような老婆である。その老婆は、右の手に火をともした松の木片《きぎれ》を持って、その屍骸の一つの顔を覗きこむように眺めていた。髪の毛の長い所を見ると、多分女の屍骸であろう。

下人は、六分の恐怖と四分の好奇心とに動かされて、暫時《ざんじ》は呼吸《いき》をするのさえ忘れていた。旧記の記者の語を借りれば、「頭身《とうしん》の毛も太《ふと》る」ように感じたのである。すると、老婆は、松の木片を、床板の間に挿《さ》して、それから、今まで眺めていた屍骸の首に両手をかけると、丁度、猿の親が猿

ONE POINT

まずは簡単なものに触れ、「知的免疫」をつける。大まかでもあらすじや概略を知っていると、後になって原本を読むときに役立ちます。

の子の虱《しらみ》をとるように、その長い髪の毛を一本ずつ抜きはじめた。髪は手に従って抜けるらしい。

（芥川龍之介『羅生門』）

あるいは、外国の原作を日本語に翻訳する場合、内容はまったく同じでも、訳者によって文章は変わってくる。村上春樹がサリンジャーの『ライ麦畑でつかまえて』を翻訳し、その前書（野崎孝訳）の翻訳とどう違うかが話題になった。これについては、いろいろと比較されたのでここでは取り上げないが、そこには村上春樹のスタイル、身体性やポジションのとり方がはっきりと出ている。

村上春樹のポジショニングは、**意識的に対象とある程度距離をとる、自分を離れた位置に置いて書く**スタイルをとっている。そこから、アメリカの西海岸的なちょっと乾いた感じの、あのような文体が生まれてくる。

彼は、自分のポジショニングについて非常に意識的な作家の一人といえる。

触発されてオリジナリティが生まれる

個性、オリジナリティが大切だとよくいわれる。しかし、実際にオリジナリティを発揮することはなかなか難しい。生まれ育つプロセス、たとえば、家庭や学校などでも、ものすごく変わった環境で育つことはなかなか考えられない。

オリジナリティを発揮するといっても、この世界にまったくありえないことを自分の中から引き出すということは非常に難しい。

まず、外の世界のものが自分にどう食い込んでくるのか、それを表現するところからオリジナリティを発揮する技を身につけるべきだ。

触発されることでオリジナリティを発揮するのである。

その場合、自分に食い込んできたものをどう表現するかで、大きな違いが出る。書く力を身につけることは、その人の豊かな世界を発掘し、オリジナリティを発揮する道筋をつけることでもある。

ONE POINT

外国の本は「自分に合った訳者」をいかに見つけるかが重要です。古い日本語訳に抵抗がある人は、新訳を読んだほうが理解が進みます。

トレーニングメニュー 日記の活用

自分のことを話したいパワー

若い人たちは日記を書かなくなったといわれている。たしかに日記帳を買ってまで書くという人たちは少なくなっただろう。だが、いまは簡単にブログを開設できるので、多くの日記や自己表現がネット上にはあふれている。

日記は自分の世界に耽溺《たんでき》するナルシスティックな世界という面が強い。自分のことを語りたいという欲求は、いまの若い人たちにも根強くある。それは昔と変わらないだろう。ただしいまは、かつてのように日記に書くのではなく、ケータイで親しい友達とメールをやりとりするというスタイルでその欲求を満たしている。

本来、日記というスタイルは、「**自分のことを話したいパワー**」**を活用して、うま**

く**「書く力」に転化する方法**である。しかしいまは、紙の上に書くのではなく、ケータイのメールを使って、だれかに読んでもらうというスタイルになっている。自分のために内面を見つめるのではなく、自分の感情の捌《は》け口《ぐち》としてメールを交換するようになっている。

日記の場合、自分で書いて、読むのも自分である。メールの場合は、自分の書きたいことを書いても、読み手がいる。そのぶん、開かれているともいえるが、その関係性は、お互いに自分の話をしても拒絶されないという関係の上に成り立っている。いまの若い人たちの多くが、そういう関係を求めている。

日記は自分の思いを中心に書いているので、どうどう巡りをしやすいが、それでも**自分を深く掘り下げていける**側面がある。メールは日々の悩みを気軽に聞いてもらうような軽い感覚である。

また、インターネットのブログで自分の身辺雑記を公開する人たちも多い。この場合には不特定多数に読んでもらうのだが、これは逆に「読んでもらう」ことを意識しすぎたものになる。

ONE POINT

自分自身を掘り下げ、読み返すことで自分を客観的に見る。日記は自己肯定と客観視を同時に行うことのできる場所となるのです。

いまの若い人たちに、書くという欲求がなくなったわけではない。それどころか、書きたい欲求は高まっているといえる。自分のことを話したい、だれかに聞いてもらいたい、読んでもらいたいという欲求。そのパワーを有効活用して「書く力」を上げることは可能だ。

ただし、そのためにはケータイ・メールやブログではなく、昔からある「日記」を活用してほしい。

「日記」には、オリジナリティを高める効能があるのだ。

自分の中の内圧を高める

一般論だが、小学生時代までは、家族に温かく見守られ、日々をゆるゆると過ごし、世界に溶け込んでいるような時期である。中学生になると、自我が目覚め、家族の中での居心地が何となく悪くなる。家族にとっても、中学生くらいの子どもは扱いにくい。

生物的には生殖機能も発達してくるので、独立を要求される過渡期である。たいていは、その時期に日記を書くようになる。

小学生でも日記は書くだろうが、秘密性は低い。中学生になると、日記を書くのは、自分の内面世界をつくっていくための行為になる。

書く行為は元来、溜《た》める行為に近い。表現するのだから、吐き出すということもあるが、単に吐き出すだけならば、話すだけで満足できる。書く必要はない。

書くことは、吐き出すよりは、エネルギーを溜める。考えを溜めて、自分の中の内圧を高める行為なのである。

一人になって、長時間日記を書いていると、自分の内圧が非常に高まってくることがある。あるいは、出すかどうかわからないラブレターを、延々と書いていると、自分の中で内圧が高まっていくのがわかる。内部の欲望の圧力が充満していく。それが溜めるということである。

自分の考え、思いを掘り下げ、そこで内圧を上げて、書くことに結びつける。それはとてもつらい作業である。

ONE POINT

日記は「反論も否定もせず、ただ黙って自分の話を聞いてくれる友人」のような存在。だから、自分の気持ちを飾らず伝えやすいと言えます。

本当に書きたいことを書くのは、本来、とてもつらい作業なのだ。ところが、自分の中に溜めずに、小刻《こきざ》みにいつも吐き出していると、内圧を高めるどころか、内圧を低くするだけである。

何かを書こうとした場合、その内容について、あまり人前で話さないほうがいい、といわれる。アイディアが盗まれるからではなく、話すことで満足してしまい、自分の中で書く内圧が低くなってしまうからだ。

人によっては、書こうとしていることを、あれこれ話すことで盛り上がってくることもあるだろう。しかし、普通は話すことでガスが抜けてしまう。

だから、自分の中でどんどんエネルギーを溜め、内圧を高めて、一歩一歩厳しい山に登りつづけるように書く。それでも、つらい作業にはそれだけの褒美《ほうび》がある。それが書く力、考える力の向上、自己形成にまで結びつくのである。

自己肯定力が湧いてくる

日記を書いてもあまり意味がないこともある。自分の思いを小出しに吐き出し、ただの欲求不満の解消になってしまうケースである。

自分の内圧を高め、それを書くことに結びつけていく場合には、その過程で考える力が充満してくる。

それは**自分自身と向き合うことで、自分を取りもどす感じ**でもある。

自分を取りもどす手段として日記を「書く」行為は、人に読まれて理解される、お金になるというのとは別の次元にある。

自分が生きている意味をだれも確認してくれない、だれも支えてくれないと思うことは、だれにでもあるだろう。結局は、自分自身で自分が生きている意味を支えなければいけなくなる。そういうときに**書くという行為は、自分を支える行為としては、とても強いものである。**それによって、自己確認をして、自分を肯定する力が湧いてくる。

自分の存在に対する空虚感は、だれもがある程度感じているものだろう。

しかし、人から認知されることを求めすぎると、自分の中の内圧を高める方向には向かない。いつもだれかに自分の話を聞いてもらいたい、という状態に

ONE POINT

「誰にも見せない、自分だけが読む日記」でもいいのです。その魅力を再認識することが、孤独感や寂しさを減らすことにもつながります。

なる。だから、メールなどでやりとりして、とりあえず、空虚感を慰《なぐさ》めてもらう。それではガスが抜けてしまい、パワーが高まっていかないのだ。

過去、日記文学といわれるものが存在したのは、時代の中で自分を見失わない一つの手段として、書くという行為があったからだ。この態度は自分をさらし合い、確認してもらうという態度とはあきらかに違うものだ。

自分をじりじりと確認していく作業は苦しいものである。自分をわかってくれそうな人にメールを出して、その場の感情を慰めてもらうのとはまったく違う。そんなふうに吐き出すのではなく、**自分の中で自分の感情をきちんと見つめ、突き詰めて、その苦しみを突き抜けなければならない。**

そんな日記として、林尹夫《はやしただお》の『わがいのち月明に燃ゆ』(ちくま文庫)がある。そこには、学徒動員され、勉強を続ける気力を失いそうになりながら、書くことで向学心を維持しようとする志がよく出ている。そのまま流されてしまえば、消え去ってしまう自分の世界を維持するために書きつづられている。

永井荷風《ながいかふう》の有名な日記『断腸亭日乗《だんちょうていにちじょう》』の場合、読まれる作品として書いていた一面はたしかにある。それでも時代の中で消え去っていく江戸情緒を探し求めているること自体が、当時の時代に対する一つの抵抗であり、時代の中で自分を見失わないための一つの拠点として日記を書いていたともいえる。

日記を書くことの大きな意味として、このような自己肯定力、自己確認力を高めることがあげられる。

ONE POINT

自分の信念をつちかっていくためには、言葉の力が必要です。理想の自分に近づくためには、在りたい自分の姿を言葉にすることが大切です。

あとがき

現在、私がなぜ「書く」ということを仕事にしているのか、自分のことを振り返ってみると、そのきっかけは小学校一年のときにあった。

学校であるとき、人形劇を見てその感想を書くという授業があった。人形劇のあらすじや感想を書くのだが、私はそこで「書く」という行為にちょっとはまってしまい、一日の最後の授業だったこともあって、放課後も残って書き続け、原稿用紙五枚を書いたのだ。そのとき、「自分は長い文章が書けるんだ」という自信を持ったことをはっきり覚えている。

また、同じ一年生のとき、毎日絵日記を書くことになっていた。絵を描いて、だれと遊んだというようなことを書くだけなのだが、一年ともなると何冊にもなっていく。

そうして何冊もの量の文章を書けたということが、しっかりと自信になっていった。

こういった自信が、いまの私の仕事につながっていると思う。

内容の質はともかく、量をこなした自信が次につながっていく。量をこなせるということが書くエネルギーになっていく。おそらく、短くて質のよい文章を書けるけれども量が書けないという人よりは、質はともかくとして量を書ける人のほうが次を書こうとするエネルギーは高い。

たとえば一流のランナーたちは、小学校のときから足が速くて、走ることが好きだったから、その域に達することができたのだと思う。それだけ、「やれた」という自信は重要なのだ。

まずは、書くことが苦にならない、苦にならないどころか量を書くことがおもしろくて仕方がない、そういう状態をつくっていくことが、質的に高いものを書けるようになるための最短の方法である。

原稿用紙十枚という分岐点を超えたら、後は二十枚も三十枚も同じことだ。そんなに大きな差はない。そして、十枚の壁を突き破った後に見える風景がある。突き破った人にしかわからない爽快感《そうかい》がある。
本書を読んで、その壁を突き破る勇気を持っていただけたら、著者としてこれ以上の喜びはない。

齋藤　孝

文章力を鍛える おすすめ本１５０選

①書き方の基本をおさえる

スティーヴン・キング『小説作法』アーティストハウス（池央耿訳）
ディーン・R・クーンツ『ベストセラー小説の書き方』朝日文庫（大出健訳）
小熊英二『基礎からわかる論文の書き方』講談社現代新書
清水幾太郎『論文の書き方』岩波新書
谷崎潤一郎『文章読本』中公文庫
戸田山和久『最新版 論文の教室』NHKブックス
豊田正子『新編 綴方教室』岩波文庫（山住正己編）
三島由紀夫『文章読本』中公文庫
宮地佐一郎『龍馬の手紙』講談社学術文庫

②豊富な語彙を吸収する

ドストエフスキー『カラマーゾフの兄弟』光文社古典新訳文庫
芥川龍之介『羅生門 蜘蛛の糸 杜子春 外十八篇』文春文庫
河野裕子、永田和宏『たとへば君 四十年の恋歌』文春文庫
志賀直哉『暗夜行路』新潮文庫
中島敦『山月記・李陵 他九篇』岩波文庫
夏目漱石『草枕』新潮文庫
樋口一葉『たけくらべ』新潮文庫
三島由紀夫『金閣寺』新潮文庫

③読みやすい文章の白眉

エッカーマン『ゲーテとの対話』岩波文庫（山下肇訳）

デカルト『方法序説』岩波文庫（谷川多佳子訳）

バートランド・ラッセル『ラッセル幸福論』（安藤貞雄訳）

マキアヴェリ『新訳 君主論』中公文庫（池田廉訳）

内田樹『寝ながら学べる構造主義』文春新書

『武士の家訓』講談社学術文庫（桑田忠親訳）

宮本武蔵『五輪書』岩波文庫（渡辺一郎校注）

『吉田松陰 留魂録』講談社学術文庫（古川薫全訳注）

④起承転結を学ぶならこれ！

『イソップ寓話集』岩波文庫（中務哲郎訳）

ジェフリー・ディーヴァー『クリスマス・プレゼント』文春文庫（池田真紀子訳）

ジュンパ・ラヒリ『停電の夜に』新潮文庫

犬丸りん『おかたづけ天女』角川書店

植田まさし『コボちゃん傑作選』中央公論新社

さくらももこ『もものかんづめ』集英社文庫

太宰治『魚服記』（ちくま日本文学008）ちくま文庫

星新一『きまぐれロボット』角川文庫

⑤テンポのよい文体を学ぶ

勝海舟『氷川清話』講談社学術文庫（江藤淳、松浦玲編）

古今亭志ん生『古典落語 志ん生集』ちくま文庫（飯島友治編）

田辺聖子『ひねくれ一茶』講談社文庫

夏目漱石『私の個人主義』講談社学術文庫

福沢諭吉『学問のすゝめ』岩波文庫

福沢諭吉『新訂 福翁自伝』岩波文庫（富田正文校訂）

⑥引用力がすごい名著

トルストイ『文読む月日』ちくま文庫（北御門二郎訳）
杉浦日向子『江戸へようこそ』ちくま文庫
辻村深月『傲慢と善良』朝日文庫
村上春樹『１Ｑ８４』新潮文庫
山本鈴美香『エースをねらえ！』ホーム社漫画文庫

⑦文体模写をしたいほどの名作

川端康成『雪国』新潮文庫
幸田露伴『五重塔』岩波文庫
太宰治『富嶽百景・走れメロス 他八篇』岩波文庫
谷崎潤一郎『春琴抄』新潮文庫
夏目漱石『坊っちゃん』角川文庫
紫式部『全訳 源氏物語』角川文庫（與謝野晶子訳）

⑧相手の話に共感する、キーワードを見つける

河合隼雄、村上春樹『村上春樹、河合隼雄に会いにいく』新潮文庫
黒柳徹子、淀川長治『徹子と淀川おじさん 人生おもしろ談義』ＮＴＴ出版
『手塚治虫対談集』（講談社）
徳川夢声『徳川夢声の問答有用』朝日文庫
『話し上手聞き上手』新潮社（遠藤周作編）
村上龍『存在の耐えがたきサルサ』文春文庫

⑨引用したくなる言葉が見つかる

オクターヴ・オブリ編『ナポレオン言行録』岩

波文庫（大塚幸男訳）
『三国志』岩波文庫（小川環樹、金田純一郎訳）
サン＝テグジュペリ『星の王子さま』新潮文庫（河野万里子訳）
スッタニパータ『ブッダのことば』岩波文庫（中村元訳）
ニーチェ『ツァラトゥストラ』中公文庫（手塚富雄訳）
『バガヴァッド・ギーター』岩波文庫（上村勝彦訳）
マルクス・アウレーリウス『自省録』岩波文庫（神谷美恵子訳）
『論語』岩波文庫（金谷治訳注）
浅野裕一『孫子』講談社学術文庫
岡本太郎『自分の中に毒を持て』青春文庫
金谷治『老子』講談社学術文庫
佐藤一斎『言志四録』講談社学術文庫（川上正光全訳注）
寺山修司『両手いっぱいの言葉 413のアフォリズム』新潮文庫

⑩ものの見方の角度をいただく

ジェームス・W・ヤング『アイデアのつくり方』CCCメディアハウス（今井茂雄訳）
ジョーゼフ・キャンベル、ビル・モイヤーズ『神話の力』ハヤカワ・ノンフィクション文庫（飛田茂雄訳）
ジャレド・ダイアモンド『銃・病原菌・鉄 1万3000年にわたる人類史の謎』草思社文庫（倉骨彰訳）
ダニエル・カーネマン『ファスト&スロー』ハヤカワ・ノンフィクション文庫（村井章子訳）
ユヴァル・ノア・ハラリ『ホモ・デウス』河出文庫（柴田裕之訳）

ライアル・ワトソン『風の博物誌』河出文庫（木幡和枝訳）
江川卓『謎とき『罪と罰』』新潮選書
木村敏『あいだ』ちくま学芸文庫
九鬼周造『「いき」の構造 他二篇』岩波文庫
講談社編『東京オリンピック 文学者の見た世紀の祭典』講談社文芸文庫
三島由紀夫『不道徳教育講座』角川文庫

⑪日本語の奥深さを知る

大野晋『日本語の年輪』新潮文庫
清水俊二『映画字幕の作り方教えます』文春文庫
白川静『常用字解』平凡社
高島俊男『漢字と日本人』文春新書
中村明『比喩表現辞典』ＫＡＤＯＫＡＷＡ
米原万里『不実な美女か 貞淑な醜女か』新潮文庫

⑫感動的な記録から学ぶ

アンネ・フランク『増補新訂版 アンネの日記』文春文庫（深町眞理子訳）
『ゴッホの手紙』岩波文庫（硲伊之助訳）
サン＝テグジュペリ『人間の土地』新潮文庫（堀口大學訳）
ターシャ・テューダー『楽しみは創り出せるものよ』メディアファクトリー（食野雅子訳）
Ｖ・Ｅ・フランクル『夜と霧 ドイツ強制収容所の体験記録』みすず書房（霜山徳爾訳）
ヘレン・ケラー『わたしの生涯』角川文庫（岩橋武夫訳）
ヘンリー・ソロー『森の生活 ウォールデン』岩波文庫（飯田実訳）
ポール・モラン『シャネル 人生を語る』中公

文庫（山田登世子訳）
レオナルド ダ・ヴィンチ『レオナルド・ダ・ヴィンチの手記』岩波文庫（杉浦明平訳）
レヴィ＝ストロース『悲しき熱帯』中公クラシックス（川田順造訳）
石原吉郎『望郷と海』ちくま学芸文庫
『いしぶみ 広島二中一年生全滅の記録』ポプラ社（広島テレビ放送編）
石光真人編著『ある明治人の記録 会津人柴五郎の遺書』中公新書
『きけ わだつみのこえ 日本戦没学生の手記』岩波文庫（日本戦没学生記念会編）
手塚治虫『ぼくのマンガ人生』岩波書店
土門拳『腕白小僧がいた』小学館文庫
林尹夫『わがいのち月明に燃ゆ』ちくま文庫
永井荷風『摘録 断腸亭日乗』岩波文庫（磯田光一編）

⑬生命力に満ちた自伝を読もう

アンドリュー・カーネギー『カーネギー自伝』中公文庫（坂西志保訳）
チャップリン『チャップリン自伝』新潮文庫（中野好夫訳）
フランクリン『フランクリン自伝』岩波文庫（松本慎一、西川正身訳）
マハトマ・ガンジー『ガンジー自伝』中公文庫
BIBLIO20世紀（蝋山芳郎訳）
宇野千代『生きて行く私』角川文庫
黒澤明『蝦蟇の油 自伝のようなもの』岩波現代文庫
坂口安吾『風と光と二十の私と』講談社文芸文庫
白洲正子『白洲正子自伝』新潮文庫
『高橋是清自伝』中公文庫（上塚司編）

竹内敏晴『ことばが劈かれるとき』ちくま文庫
美輪明宏『紫の履歴書』水書坊
湯川秀樹『旅人 ある物理学者の回想』角川ソフィア文庫

⑭いつかは、こんなエッセイを書いてみたい

ルソー『孤独な散歩者の夢想』新潮文庫（青柳瑞穂訳）
内田百閒『ノラや』中公文庫
幸田文『父・こんなこと』新潮文庫
坂口安吾『日本文化私観』講談社文芸文庫
さくらももこ『そういうふうにできている』新潮文庫
志村ふくみ『色を奏でる』ちくま文庫（井上隆雄写真）
高峰秀子『わたしの渡世日記』文春文庫
谷崎潤一郎『陰翳礼讃』中公文庫
藤原正彦『若き数学者のアメリカ』新潮文庫

⑮旅を題材にしてみよう

ゲーテ『イタリア紀行』光文社古典新訳文庫（鈴木芳子訳）
沢木耕太郎『深夜特急』新潮文庫
『須賀敦子全集』河出文庫
藤原新也『印度放浪』朝日文庫
辺見庸『もの食う人びと』角川文庫
松尾芭蕉『新版 おくのほそ道 現代語訳／曾良随行日記付き』角川ソフィア文庫（頴原退蔵、尾形仂訳注）

⑯お得感のある名著案内

サマセット・モーム『世界の十大小説』岩波文庫（西川正身訳）
鎌田浩毅『世界がわかる理系の名著』文春新書

河野健二『世界の名著 マキアヴェリからサルトルまで』中公新書
桑原武夫『日本の名著 近代の思想』中公新書
桑原武夫『文学入門』岩波新書
長谷川宏『いまこそ読みたい哲学の名著』光文社文庫
松岡正剛『千夜千冊エディション シリーズ』角川ソフィア文庫

⑰**鋭い批評・批判的視線を学ぶ**

アダム・スミス『道徳感情論』講談社学術文庫（高哲男訳）
カール・マルクス『資本論』岩波文庫（エンゲルス編、向坂逸郎訳）
ピーター・ドラッカー『ドラッカー わが軌跡』ダイヤモンド社
フィリップ・コトラー『コトラーのマーケティング・コンセプト』東洋経済新報社（大川修二訳）
ラフカディオ・ハーン『新編 日本の面影』角川ソフィア文庫（池田雅之訳）
兼好法師『新版 徒然草 現代語訳付き』角川ソフィア文庫（小川剛生訳注）
今東光『毒舌 身の上相談』集英社文庫
渋沢栄一『論語と算盤』角川ソフィア文庫
清少納言『枕草子』岩波文庫（池田亀鑑校訂）
檀一雄『わが百味真髄』中公文庫
文藝春秋編『戦後生まれが選ぶ洋画ベスト100』文春文庫
渡辺保『舞台を観る眼』KADOKAWA

参考文献

『あふれでたのは やさしさだった』寮美千子、西日本出版社
『坊っちゃん』夏目漱石、角川文庫
『紫の履歴書』美輪明宏、水書坊
『走れメロス』太宰治、新潮文庫
『海辺のカフカ』村上春樹、新潮社
『少年カフカ』村上春樹、新潮社
『潤一郎訳　源氏物語　巻一』谷崎潤一郎、中公文庫
『窯変　源氏物語　1』橋本治、中公文庫
『今昔物語集　本朝部（下）』池上洵一編、岩波文庫
『羅生門・鼻』芥川龍之介、新潮文庫

本作品は小社より二〇〇四年一〇月に単行本として刊行、
二〇〇七年二月に文庫化された作品に新たな解説を加えて
再編集し、新装版にしたものです。

齋藤 孝（さいとう・たかし）
1960年静岡県生まれ。東京大学法学部卒業後、同大大学院教育学研究科博士課程等を経て、明治大学文学部教授。専門は教育学、身体論、コミュニケーション論。
ベストセラー作家、文化人として多くのメディアに登場。NHK Eテレ「にほんごであそぼ」総合指導を務める。
『身体感覚を取り戻す』（NHK出版）で新潮学芸賞受賞。『声に出して読みたい日本語』（草思社）で毎日出版文化賞特別賞。『読書力』（岩波書店）、『語彙力こそが教養である』（KADOKAWA）、『雑談力が上がる話し方』（ダイヤモンド社）、『大人の語彙力ノート』（SBクリエイティブ）、『こども孫子の兵法』（日本図書センター）など著書多数。著書発行部数は1000万部を超える。

だいわ文庫

原稿用紙《げんこうようし》10枚《まい》を書《か》く力《ちから》
増補新装版《ぞうほしんそうばん》

著者　齋藤《さいとう》 孝《たかし》

二〇二三年九月一五日第一刷発行

発行者　佐藤 靖
発行所　大和《だいわ》書房
東京都文京区関口一－三三－四 〒一一二－〇〇一四
電話 〇三－三二〇三－四五一一

フォーマットデザイン　鈴木成一デザイン室
本文デザイン　岡部夏実(Isshiki)
DTP　滝澤 博(Isshiki)
本文印刷　厚徳社
カバー印刷　山一印刷
製本　ナショナル製本

ISBN978-4-479-32067-8
乱丁本・落丁本はお取り替えいたします。
https://www.daiwashobo.co.jp

だいわ文庫の好評既刊

＊印は書き下ろし

齋藤孝
人を10分ひきつける話す力
ネタ（話す前の準備）、テーマ（内容の明確化）、ライブ（場の空気を読む）で話す力が大幅アップ！「10分の壁」を突破する法！
552円 9-5 E

齋藤孝
頭のよさは国語力で決まる
読解、文章から説明、コメントまで、「齋藤式」本当の国語力が身につく全ポイント、「できる！」と思われる絶対ルールを1冊に！
800円 9-15 E

齋藤孝
どんな場でも「感じのいい人」と思われる大人の言葉づかい
頭のいい人は、この「プラスひと言」を上手に使いこなしている！挨拶、お詫び、頼み事、忠告、お断り、来客対応で使える日本語大全。
800円 9-14 E

齋藤孝
読書のチカラ
あらゆる本が面白く読めるコツにはじまって、あっという間に本一冊が頭に入る読み方まで、実践的な本の使い方を紹介！
650円 9-10 E

齋藤孝
50歳からの音読入門
『声に出して読みたい日本語』の著者が、後半生を豊かに生きるための名文を紹介。原文と現代語訳に加え、味わうポイント付き！
700円 9-11 E

齋藤孝 選・訳
サン＝テグジュペリ 星の言葉
星の輝きのように、優しくそっと光をなげかけてくれる言葉が、寂しいとき、疲れたとき、くじけそうになったとき、力になります！
700円 9-2 D

表示価格はすべて本体価格（税別）です。本体価格は変更することがあります。